本书由浙江省自然科学基金(LY18G020015),中国博士后科学基金第62批面上项目(No. 2017M621371),教育部人文社科基金(No. 19YJC630225),浙江省高校高水平创新团队建设:转型升级和绿色管理创新团队项目资助

新媒体语境下良渚文化的传播与传承

吴丹 赵江 著

中国财经出版传媒集团
中国财政经济出版社

图书在版编目（CIP）数据

新媒体语境下良渚文化的传播与传承／吴丹，赵江著．—北京：中国财政经济出版社，2019.4

ISBN 978-7-5095-8918-2

Ⅰ.①新…　Ⅱ.①吴…　②赵…　Ⅲ.①良渚文化-传播-研究　Ⅳ.①K871.134

中国版本图书馆CIP数据核字（2019）第050658号

责任编辑：彭　波　　　　责任印制：刘春年

封面设计：卜建辰　　　　责任校对：李　丽

中国财政经济出版社 出版

URL：http：//www.cfeph.cn

E-mail：cfeph@cfemg.cn

社址：北京市海淀区阜成路甲28号　邮政编码：100142

营销中心电话：010-88191537

北京财经印刷厂印装　各地新华书店经销

787×1092毫米　16开　10.75印张　210 000字

2019年4月第1版　2019年4月北京第1次印刷

定价：58.00元

ISBN 978-7-5095-8918-2

（图书出现印装问题，本社负责调换）

本社质量投诉电话：010-88190744

打击盗版举报热线：010-88191661　QQ：2242791300

总　序

媒体是信息传播的重要工具，也是承载传播主体和受众的桥梁。新媒体借助互联网的最新技术，开发出高速、快捷、便利传播信息的媒介新形态。特别是最近十年，新媒体的发展可谓日新月异，其呈现出的媒体形式多种多样，可以将文字、音频、图片、视频画面等相关内容融为一体，更有利于人们对信息的全方位认知。随着移动互联网的飞速发展，包括微信、微博、抖音视频等各种新媒体传播工具层出不穷，用户可以随时、随地的对信息进行有效的加工、处理，并且将原有的多种媒体渠道进行“媒介融合”，以实现信息的同步传播。这一传播方式极大地适应了当前受众们碎片化的信息阅读时间，人们可以利用碎片化时间进行信息浏览、内容再生产、信息传播等活动，从而成为新媒体信息传播链上的一环。新媒体碎片化、互动性强、时效性强的传播优势使之相较于传统媒体进行信息传播的优势变得更大。

无论是新媒体还是传统媒体，信息传播的主体始终是文化。文化代表一种内在的精神力量，反映了人们认识世界、改造世界的原动力。文化的传承促进了人类社会的发展和进步。通过媒体进行文化的传播，向人们展示出社会变革和发展的动力。因此，一个社会的进步和发展，文化的传播起了决定性作用。优秀的传统文化是一个民族的标识，也是一个民族精神财富的积淀。对于传统文化，我们要秉持“取其精华、去其糟粕”的心态，继承优秀的民族文化，革新不适合当前经济、社会发展的文化。而随着新媒体语境的发展，其双向、互动的传播特征对于文化的传播至关重要，优秀的传统文化可以借助新媒体传播，实现文化的直观性和形象化，这对在新时期下传统历史文化的传播和继承奠定了良好的基础。

现存的以“良渚古城”为中心的良渚遗址群落是良渚文化的典型代表，距今已经有5300年左右。现存良渚遗迹和遗器反映了新石器时代良渚先民的文化、生活面貌，其灿烂的文化成就成为中华五千年文明史的实证。良渚文化的中心地区位于太湖流域和钱塘江流域。遗址的最大特色在于出土的玉器种类繁多、制作精美、造型各异，其富含的历史文化成为浙江乃至中国新石器时期文化发展的重要脉络。习近平总书记提出“保护好良渚文化”，并积极推动良渚文化遗址申请加入2019年世界物质文化遗产。这成为良渚文化新时期的推动力。其一，从文化考古学的维度来看良渚文化群的历史价值，良渚文化遗址群的分布范围广、出土的陶器、玉器精美，其遗址面貌在中国早期文明进程中具有重要地位。其二，从对后世影响的维度来谈良渚文化的传承价值，良渚文明所创造的以玉器为代表的文化类型反映了中华民族早期的文化特征。而良渚文明所反映的良渚所在地劳动人民的智慧和勤劳的品质作为历史渊源业已成为今天“浙江精神”的重要代表。其三，良渚遗址群作为良渚文化的地理中心，其在物质层面上的表现是非常内化的，代表了长江中下游地区稻作农业文明的发端，其文化的形式具有独特性。可见，良渚文化遗址具有校高的文化和社会价值，对当前浙江经济发展、浙江文化的影响都具有重要推动作用。良渚文化是中华五千年文明浓墨重彩的辉煌历史，对良渚文化的传承和发展对当前中国经济、政治、文化发展意义重大。良渚文化对杭州乃至所有中国人来说，不只是历史与考古、与旅游、与文化、与经济的概念，不是仅凭努力宣传和推介就可以争得的地域荣耀。相反，良渚文化的文明程度和历史价值体现了良渚历史文化的分量与厚重，注定了其在中华文明发展历史中居于重要地位，并成为研究中华史前文明发展的重要一页，被誉为“中华文明的曙光”。

在新媒体时代，网络数字技术对良渚文化的发展和传承产生了重大的冲击。人们能借助网络获得有关的历史信息和文化资讯，并能自由地通过网络媒介参与文化信息的互动和传承，每一个受众都能成为文化传播的一个网络节点，继而通过节点链接形成庞大的复杂网络，最终通过节点间信息交换而进行文化传播，进而让具有包容性、开放性和网络立体化的良渚文化传播模式得以构建。因此，这需要充分重视新媒体技术在文化构建、传承的桥梁作用，将新媒体技术和良渚文化传播内容充分的融合，并将新媒体作为良渚文化传播的重要阵地，加强文化的宣传力度，扩大良渚文化的传播范围和受众对象，通过新媒体广告或其他方式更加精准地向目标受众群体传播良渚文化，让更多的受众学习良渚文化知识，感受良渚文化的魅力，参与保护良渚文化遗址，最终提升良渚文化在中国乃至世界的文化影响力。

本书旨在分析新媒体语境下良渚文化的发展和数字化传承轨迹。通过新媒体技术的广泛运用，实现对良渚文化的精准传播和媒体资源的优化整合。本书通过多文化价值视角很好地阐述了良渚文化的典范价值，特别是在浙江城市不断国际化发展的今天，对良渚文化遗址的系统开发不但对杭州城市经济增长和文化发展赋予重要意义，还肩负着作为中华文明复兴载体的角色，因而，良渚文化的传承带给中国人文化价值认同的含义。本书的研究视角新颖，相关内容涉及传播学、考古学、管理学、文化学等内容。特别是本书针对良渚文化对社会发展的具体作用阐述得较为清楚，相关内容具有较强的学术价值。本书在撰写过程中，两位作者曾数十次亲临良渚文化遗址现场，通过实际调研，观察法、模型构建等方式对良渚文化的历史演进过程进行描述，并结合新媒体技术阐述了良渚文化的发展方向和传播趋势。研究结果表明：良渚文化的数字化传承和发展对进一步传播良渚文化，加强我国的优秀历史文化传播具有十分重要的理论意义和现实意义。

复旦大学　刘杰教授

2019 年 3 月

前　言

文化是一种典型的社会现象，作为一种重要的社会符号，文化反映了被传承国家的历史进程、地理环境、风土人情和价值观念等。随着历史的发展和社会实践的向前推移，文化的发展带动了人类文明的进步。纵观全球文明的发展进程，从中美洲的奥尔梅克文明、玛雅文明到底格里斯、幼发拉底河及尼罗河的苏美尔文明、埃及文明，再到墨西哥的印第安文明，以及印度河与恒河的古印度文明等，这些文明发展过程都始终围绕精神崇拜、文化图腾而展开，反映了人类对“太阳神”崇拜的文明。与之类似，良渚文化也在一定程度上反映了上古社会良渚先民对自然神灵的崇拜，其发展过程也表明：良渚文化所在地人民也是文化图腾的践行者和推崇者。

良渚文化遗址的核心区域是良渚古城，古城的构建繁华而有序。良渚古城的相关考古发现证明：中国具有5000年的文明发展史。同时，良渚古城的相关遗址发现填补了《世界遗产名录》对中东亚地区在新石器时代考古遗址的空缺，这对研究新石器时代人类文明发展和原始社会进步具有重大的历史意义和社会意义。从良渚古城遗址的地理分布来看，良渚文化遗址主要分布在环太湖流域，其文化辐射区域扩展到近半个中国。良渚古城完善的水利系统、先进的稻业农业以及精美的手工业包括陶业和玉器制品的发展表明：良渚地区在5300年前就已经具备较高的经济、文化水平。其5000余年历史积淀下来的悠久文化精髓正随着时代的发展日益展现出新的文化魅力。然而，随着当前中国社会的物质文化和精神文明的发展和变迁，良渚文化所引领的浙江地域文化、稻业和农业文化，物质社会发展等进入了新的文化消费阶段，良渚文化所传承的勤劳、踏实的民族精神也正经历着巨大的时代考验，如何将良渚文化消费和文化历程提升为民族精神，并加以传承成为当今社会亟待解决的重要问题。

进入21世纪的移动互联网时代，移动客户端已经日渐成为信息传播的主要端口，移动信息的传播推动了新媒体在社会生活的运用和快速发展，其视觉艺术表达形式更加丰富，艺术资源传播途径更加广泛，艺术展现方式更加多元化。特别是经过改革开放40周年的发展，中国正面临着传统文化的复兴和发展良机。而在新媒体时代，新媒体平台为中国传统历史文化的发展和传播提供了良好的展示平台。特别是随着微博、微信、抖音等一系列新媒体的涌现，信息的可视化、开放性和互动性成为新媒体时代信息传播的重要标志。这使信息的立体化传播面临着更多的机遇和挑战。一方面，新媒体的出现改变了视觉传播的途径，抛弃了传统媒体传播的平面化、静态化特征，转而向动态交互的融合形式发展，从原始的报刊、图书等单一传播形式逐步向视频、动画等多级媒体形式发展，视觉传播也从单一的被动传播模式变为双向互动性传播模式，信息的传播方式更加多元化，传播的内容也更加丰富；另一方面，新媒体的强势出现，改变了现代信息传播的形式，这使文化的表达方式和传播模式也产生了实质性的突破。

在新媒体语境下，传统文化和现代艺术的结合更加紧密。传统文化的文化张力和艺术感染力有了新的提高，借助新媒体技术所整合的媒体环境，传统历史文化进行新的话语表达，不断影响人们对传统文化的认知，从而产生持续的社会影响。最终，借助新媒体传播过程融入传统文化，通过具体的视觉思维和表达过程将文化符号特征包含其中。此外，文化虽无国界，但文化存在鲜明的地域性差异，不同国家和民族之间的文化差异始终存在。良渚文化就具有鲜明的地域性，是中华民族文化的传承和历史荣誉。借助新媒体语境，良渚文化可以通过新媒体平台进行多元化传播，打破地域壁垒并有效地跨越文化疆界，影响世界各地的人民，从而真正地将中国传统文化推向世界。因此，在新时期对良渚文化的传承更需要抓住新媒体发展的历史机遇，使之迅速适应中国社会文化的转型，不断适应中国当前社会经济、文化发展和历史的变革。通过各类新媒体的传播载体，加强与所传播的受众之间进行信息沟通和互动交流，真正地将中华民族的传统文化在新时期继续发扬光大，从社会精神层面推动社会的发展。

本书内容分为八章。其中，第一章是绪论部分。阐述了传统文化和新媒体等相关的研究进展；第二章阐述了新媒体语境下的文化价值和传播；第三章对新媒体在良渚文化传播中的作用机制进行研究；第四章阐述了新媒体广告在良渚文化传播中的文化考量；第五章分析了良渚文化发展的动态演变过程；第六章阐明基于新媒体平台生态的良渚文化传播驱动机理；第七章阐述了良渚文化的数字化传承以及未来的传播发展状况等；第八章阐述了利用新媒体构建关于良渚文化产业创新和发展的途径。本书的出版得益于浙江理工大学科技与艺术学院、浙江财经大学、复旦大学等学校的大力支持。两位作者各完成四章内容，每人完成本书50%的理论研究和专著撰写工作，两位作者先后多次前往良渚博物院进行实地考察调研，通过对良渚文化遗址的访问获得相关第一手数据，并进行分析和整理，也做了很多重要的关于利用新媒体进行良渚文化精准传播的理论创新工作，最终对本书的出版起到了重要的推动作用。全书力求反映良渚文化传播的发展现状和未来的文化传播发展潜力。本书先后数易其稿，每次修改都格外认真，力求做到尽善尽美。然而，由于作者水平有限，本书仍然可能存在一定的错误和不足之处，恳请读者不吝赐教。

吴 丹 赵 江
於2019年元旦

目　录

第一章

绪　论

经济发展和政治形势影响一个国家或社会的发展方向，具有较强的外部性。相比而言，文化则是最为广泛、也最具人文意味的概念，具有较强的内部性。一般指的是一个国家或民族在社会中所形成的全部历史地理、风俗人情、生活方式、文学艺术、价值观念等各种精神活动和相关活动中所衍生的精神产品。从文化起源来看，人类文化涵盖了人类社会从过去到未来的全部历史发展进程，是基于自然基础之上的全部活动内容，既包括人类社会发展过程中所形成的世界观、人生观、价值观等具有社会意识形态的内容，也包括人类改造自然过程中所形成的知识体系，涵盖自然科学技术、语言和文字等非意识形态的内容。可见，文化本身具备丰富的内涵和外延。因此，正如李二和在《舟船的起源》一书中所言，“文化是一切生命文明行为的代称。”文化是人类社会特有的现象，文化是由人所创作，是人类社会实践的产物。关于文化内容的分类，Hammerly（1982）根据文化在社会生活所起的作用，将社会文化分为三个子类：信息文化、行为文化和成就文化。其中，信息文化一般指的是受教育者所掌握的关于社会、地理、历史等与信息有关的具体知识；行为文化包括社会发展过程中人的具体生活方式，如行为、态度、价值等一切和行为因素有关的活动内容；成就文化则包括人类社会发展过程中所形成的一切有关艺术和文学等成就，反映了人类智慧的结晶，这往往是传统的文化概念。可见，文化的概念和内容较为宽泛。文化是人类改造自然、社会及开展人类自身活动、生产过程、社会生活等多方面成果和内容的总和，存在于人类生存和发展的始终，并随着人类社会的进步而不断发展变化，是一个渐进性的、动态变化的、不间断的发展过程。

由于文化本身具有一定的社会外延性，是人类社会生活痕迹的总和，包含两层含义，其一物质范畴层面的含义；其二，精神范畴层面的含义。其中，物质范畴指人类物质生活过程中所产生的一切外化的物质成果及其生活痕迹；精神范畴指人类在精神生活过程中所产生的一切内化的精神成果及其精神生活痕迹。因此，文化往往反映的是人类社会某一群体所具备的共有社会思维特征，其具有典型的社会群体属性。而最鲜明的社会群体即是由不同民族所构成的具有共同种属背景特性和共同社会生活特性的聚集群体。民族文化正是各民族聚集群体在长期历史演变和发展过程中所创造和产生的具有民族特征、体现民族智慧和创造力的一切物质文化和精神文化的总和。因此，无论从社会发展角度或历史沿革等角度而言，文化本身都具有非常丰富的内涵（见图1－1）。

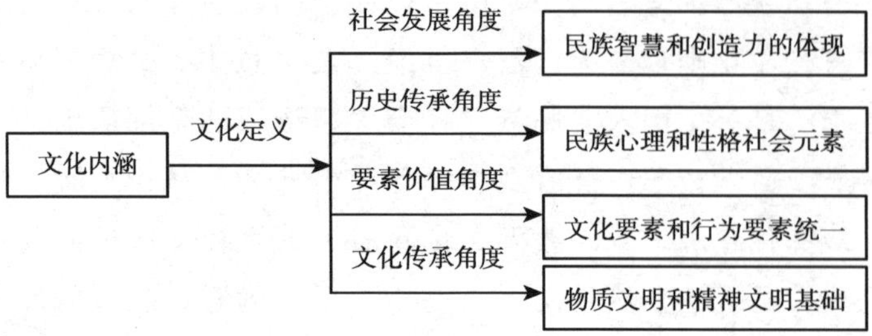

图1-1　基于不同视角的文化内涵

从社会发展进程视角来看，文化是一个民族智慧和创造力的具体体现，基于不同的历史背景，不同的民族在改造自然和社会的过程中创造出了具有鲜明民族特征的文化。而这些优秀的民族文化又反过来作用于人类改造自然和社会的进程，并促进了人类社会的进步和发展。因此，文化是社会前进的内在驱动力，文化的历史进程决定了社会的发展方向。

从社会历史传承的角度来看，人们在享受文化给各民族发展带来的社会活力时也在一定程度上受到文化在所传承的道德、伦理等社会层面的相关约束。因此，文化是一个民族的脊梁，深深潜存于社会群体的内部，潜移默化地规范和约束社会群体的行为模式和思维方式，并成为构建民族心理、塑造民族性格的重要社会元素。

从文化要素的价值角度来看，文化的传承促进了民族系统内各个要素价值的和谐统一。其文化要素主要包括各种物质要素如衣、食、住、行等；行为要素则包括人际交往中的利益、民俗、习惯和风俗；乃至社会心理要素如民族价值观念、审美情趣、思维方式等。各种物质要素和行为要素相互联系、互相影响，通过文化要素流动提升了社会文化价值。

从文化传承角度来看，文化是人类社会文明传承的最基本社会因素。优秀的传统文化是人类社会构建高度物质文明和精神文明发展的重要基础。一个民族或特定地域所具备的一定历史文化积累，往往指引和规范着这个民族或地域的整体文明形态和对应的生活方式，通过社会传承扩大了文化要素的传播范围和传播深度。

总之，回顾中国社会五千年文明发展的总体历程，中国的传统文化具有博大精深的胸怀、意蕴深远的意境，支撑着中华民族拼搏进取的精神观念和优秀的物质文化产，并在生产和生活过程中塑造了中华民族优秀的社会品格，并成为中华民族强大凝聚力的文化根源。随着现代工业的不断发展，世界市场的不断扩大，经济全球化趋势的日益加深，经济的强大驱动作用对中国的传统文化发展带来了深刻的影响，导致曾经相对独立的传统文化开辟了新的发展之路，逐步转向人类共同文化的发展趋势，而这种趋势为中国传统文化发展带来了新的契机。因此，更需要充分了解新时期传统文化所包含的文化精神内涵，以及文化精神对社会发展的引领作用。

第一节　新时期传统文化精神的引领作用

中华优秀传统文化在东亚土地历经五千年风雨而生生不息，中华各民族文化随着历史和社会的变革，相互交流，互相渗透、你中有我，我中有你，以文化为纽带所形成的民族凝聚力越来越强，同时，文化对社会、政治、经济等各领域的影响面和辐射面也越来越大。随着文化植根于本土各民族的社会发展历程和中华民族的融合发展格局，最终形成具有东方特色的多元中华文化。2017 年 10 月 18 日，习近平总书记在党的十九大报告中提出："中国特色社会主义进入了新时代"。新时代成为科学认识中国传统文化、深刻理解优秀传统文化和如何发展优秀传统文化并使其成为文化软实力，继而实现中华民族伟大复兴的关键词。中国几千年来凝结的包含浓郁传统文化特色的文化体系成为国家强大的文化力量，这与新时代发展有着密切的关系。特别是在经济全球一体化的当下，需要中国按统一规则、统一秩序发展社会经济，以便与国际"接轨"。而在现代政治、经济、文化一体化的发展过程中，由于各民族文化互动频繁，造成传统文化差异逐渐缩小，通过相互文化交流和吸收，最终产生了民族间文化的同质性。

自 20 世纪 80 年代以来，学者们开始关注中国传统文化的保护，主要侧重于静态的文化遗产方面，着重于研究古籍、文物、遗址的保护以及整理挖掘与抢救。但现代文明给中国传统社会带来了历史变迁和文化转型，文化的发展以信息互动的动态方式进行。正如习总书记强调的"一个国家、一个民族的强盛，总是以文化兴盛为支撑的。没有文明的继承和发展，没有文化的弘扬和繁荣，就没有中国梦的实现。"因此，文化对当代中国而言，仍然是社会结构和思维框架的主体，在中国社会发展过程中将会继续发挥稳定民族基础、凝聚民族力量的重要作用。同时，在新时期弘扬、发展和繁荣我国的优秀传统文化可以有效地提升中国的国际竞争力，并将文化力量作为具有新时代中国特色社会主义的一种文化软实力，最终成为中华民族屹立于世界民族之林的精神根基和内在源泉。

中国是一个拥有悠久历史的多民族国家，不同民族具有不同社会属性的文化，丰富多样的民族文化成为中华民族发展的瑰宝，并在民众的传承和推广下予以流传，成为中华民族文化宝藏的重要组成部分。历代中华文化的主体随着社会的发展代代相承、生生不息，并将传统文化积淀成为影响东方文化的根本元素和凝聚中华民族长期实践生活的源泉。中国传统文化的核心是中华民族拼搏进取的文化心理和自强不息的民族精神，是每个中华民族成员共承和共享的精神内涵和心灵归宿。传统文化具有强大的精神指引作用和鼓励作用，其精神引领贯穿于中华民族的社会发展和日常生活，在实践中塑造了中华民族特有的不屈的意志、坚持不懈的品格和勤劳善良的光荣传统。

在当前党的十九大提出的新时期全面深化改革开放、全面建成小康社会的社会主义中国而言，传统文化更应面向新时代，形成开放和不断发展的精神文明体系。只有具备“与时俱进”精神的优秀传统文化，才能发挥出新的时代价值，让国家更好地迎接新的挑战和抓住新的历史机遇。可见，传统文化对民族精神的强大凝聚作用始终引领中国人为实现富强、民主、文明、和谐的社会主义现代化国家而不断奋斗。因此，传承、发扬和创新中国传统文化，正是中国在新时代和全球化背景下的精神文明发展的必然需要。

一、传统文化的分类维度和属性

恩格斯认为“经济是国家和社会发展的物质基础，受到上层建筑的影响，但经济的发展离不开社会历史和传统文化的影响”。马克思也强调，“历史传统文化推动了社会发展，并作为一种强大的精神力量影响社会政治和行为”。中华文化具有深厚的历史底蕴和宽广的现实基础，其文化背景植根于多民族的文化融合，其来源的多元化注定了中国传统文化具备兼容并包的特性。并且中国传统文化往往与社会实践密切相关，更多地强调人和自然的和谐统一关系，强调社会文化所兼具的自然属性和社会属性，特别是当前中国传统文化正是社会主义核心价值观的内在价值体现。因此，对文化的建设应当高度重视传统文化对社会发展的积极作用，不能简单地对传统文化予以否定。相反，应当批判地继承优秀传统文化，深入挖掘传统文化的历史内涵和文化主旨，提升和展现传统文化的当代价值，结合具体的文化传播手段对优秀传统文化进行有效的传承和发展。

对传统文化价值在不同维度的划分决定了传统文化对社会的具体作用（见图1－2）。从文化历史观维度来看，传统文化具有一定的历史记录性，深刻记录了特定时期的社会和人文历史风貌，呈现出其较高的历史地位和促进社会发展的重要作用。而在新时期，传统文化蕴涵的社会价值理念和新时期社会文明发展一脉相承，具有较深厚的现实意义和深远的当代价值。优秀传统文化就是对中国社会主义基本经济制度的扩充、塑造和发展，同时对国家经济方针政策制定、经济建设方向正确指引，对科学技术创新能力培养、人才资源和人才素质提高等都发挥着深层次的文化底蕴作用。

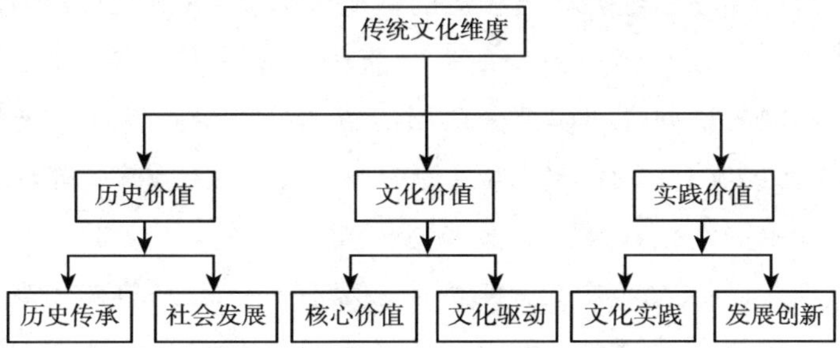

图1－2　传统文化维度划分及作用图示

从文化价值观维度来看，文化具备深厚的社会价值，特别是传统文化的历史价值、时代取向与社会主义核心价值观紧密相连，与新时代中国特色社会主义制度相嵌，真正体现了社会共同认可的核心价值观。同时，作为国家精神发展的核心驱动力，传统文化也是评判社会是非曲直的价值标准。党的十八大提出，倡导富强、民主、文明、和谐，倡导自由、平等、公正、法治，倡导爱国、敬业、诚信、友善，积极培育和践行社会主义核心价值观。新时期国家对传统文化的立场和态度正直接反映了国家的价值观选择。深入理解优秀传统文化的中心内涵并赋予新的时代价值，可以为社会主义核心价值观提供理论基础和文化滋养。

从实践价值观维度来看，传统文化具有历史性、民族性和继承性。传统文化在新时代的继承、发展和创新正是文化实践、社会发展的具体体现。其社会价值在于继承和弘扬优秀历史文化的同时，不断开创和发展新文化。在继承中发展、在发展中创新。特别是对于中国传统文化精华，更要以新时代的眼光和创新的理念来提升其现实价值并开展相关的实践活动，传播其文化价值，为传统文化的时代发展注入新的活力。而对文化的传播尤其是对文化自身规律的认知，更多地需要对传统文化的原有传播模式阐述并进行深刻的理解，对传统文化的价值外延性予以认知，从而通过多种途径和有效的文化传播机制谋求新时期传统文化的传承和发展。

二、传统文化的价值延伸和民族精神认同

文化认同是一个群体中的成员在民族共同体中长期共同生活所形成的对本民族最有意义的事物或生活方式的一种肯定性认可和赞同。文化认同的实质是对社会精神存在的现象做出相应的价值肯定，主要通过民族本身的特性、习俗和生活方式“以个体无意识的方式流传至今，融合了人们的各种认同，从而阻止了不同的认同之间因部分认同的背离或差异特性而可能发生的文化冲突。”中国传统文化具有丰富的道德智慧、独特的价值取向和丰富的历史底蕴。新时期中国特色社会主义实践为传统文化注入了新的民族智慧。传统文化的思想理念已经内化成了民族精神，塑造着每个人的人生观、价值观和世界观，成为传统文化内在价值的活态继承，并在实践中进行创造性转化和创新性发展。

《国语·郑语》称：“夫和实生物，同则不继。”这表明：世界万物具有差异才能有发展，没有差异就会灭亡。传统文化需要承认差异的正当性与多元和谐相处的世界，才是人们追求的理想社会。中华文明发展历史已经证明中华传统文化具有极大的包容性和适应性，虽然产生于农业社会经济基础之上，与现代社会存在较大的差异性，但随着历史的变迁、科技的进步，传统文化仍在不断与时俱进、推陈出新，具有重要的时代价值。而要突出文化的价值功能的整合，则需对加强知识引领、社会协调和社会体系重构等三个方面发挥基础性作用（见图1－3）。

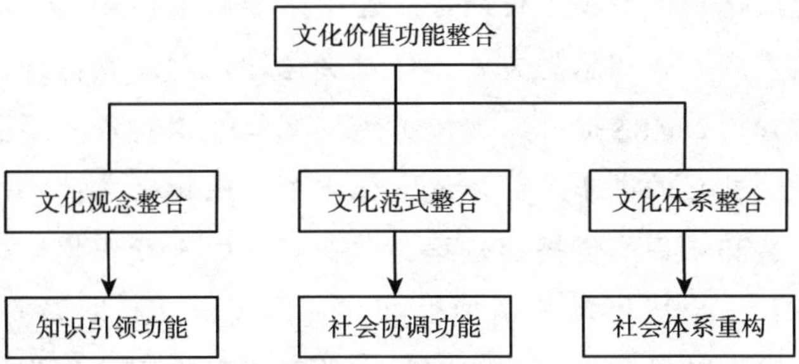

图 1－3 文化价值功能整合的类型

文化价值功能的整合主要包括三个方面的内容：(1) 文化观念整合。文化观念的形成受到一定的社会价值观念的影响，并与社会成员的文化素养、知识结构密切相关。因此，利用社会群体共同的文化认同对社会成员进行人文培养和文化熏陶，从而在社会各个领域形成大致相同的价值观念，并使社会成员追随文化价值引领。(2) 文化范式整合。文化范式代表社会成员对文化的共识，而这种文化的共识往往基于社会文化所处的一定历史阶段和社会发展阶段，通过文化范式整合在社会形成统一的文化认识模式，从而利于社会发展的一致性。(3) 文化体系整合，由于社会是一个相对完善的文化体系，包含多个个体元素和多个不同类型的层次，通过个体元素和不同社会层次的相互作用最终形成了庞大而复杂的文化体系。社会文化体系的复杂性决定了社会内部的多元结构形成的复杂性。通过社会文化体系整合，实现文化的认同，强调共同的文化意识，从而整合社会结构的松散程度，使社会形成一个和谐、统一的系统。

文化价值功能的整合对社会发展具有重要作用：(1) 知识的引领功能。通过文化观念的整合，树立了社会前进动力的社会意识，将文化植根于社会发展的各个层次，从而加快知识的传承，通过知识的共享，提升社会整体文化层次，推动社会的发展。(2) 社会的协调功能。通过文化价值的功能整合，社会个体元素和社会各阶层能够达到文化功能的协调发展，最终使社会个体成员目标和社会群体成员目标相一致，最终推动社会群体按步骤逐步发展。(3) 社会体系的重构功能。由于文化是人类社会物质文明和精神文明成果的集中体现，文化的价值功能推动了社会遗产的保护和社会的发展。通过文化的整合，使社会体系中的环境变量、人口变量、经济变量等产生协调整合的作用，最终推动了社会的进步和发展。

中国传统文化是中华民族长期物质资料生产和精神文化生活中形成的相对比较固定的生产方式和思想方式。通过文化知识对民族精神的引领，促进了社会各阶层知识技能的提升，加快了传统文化知识向各阶层受众的广泛传播，推动了中国社会的进步。而传统文化中凝聚的优秀、独特的思想精华也随着社会的发展和知识的传播而延续，并在实践中不断积累转化，最终成为重要的精神财富，形成民族的精神根基。它是凝聚民族发展的根本性力量，对社会生活和发展的各个方面都有着重大的意义和作用。文化的整合往往受限于文化所处的社会环境和历史背景，在农业社会，资源的整合效率相对较低；而在工业社会，科技的发展推动文化资源的有效整合。

在传统农业社会，既有文化观念和文化价值能够留存千年。然而，随着工业革命的发展和世界市场的广泛建立，文化观念的革新频率骤然加快，文化观念的发展已经突破了局部文化区域的限制，而在世界市场的统一性要求下所导致的普遍化趋势则使每个个体都无法脱离现状，必然受到其他外部文化的影响和制约，而这种外部文化的强烈制约，则对传统文化的演进产生明显的遏制作用。特别是近代以来，中华文明面临前所未有的民族危机，从鸦片战争到中华人民共和国成立的百年历史进程中，中国在现代价值观启蒙过程中的现代性理念和传统理念在传统文化土壤出现了“断裂”，传统文化价值被严重割裂，从而导致传统文化因素在社会发展中处于边缘地位。

而随着共产主义的传播，以毛泽东为代表的中华儿女将马克思主义同中华传统文化相结合，开展了救亡图存的斗争。在新民主主义革命时期提出了建立“民族的、科学的、大众的”新民主主义文化，为新民主主义革命时期无产阶级文化实践指明方向。而进入改革开放后，我国的民族文化发展制度和治国思想也丰富了传统文化的内涵。党的十八大以来，习近平总书记从中华优秀文化中提炼出传承中华民族精神基因的命题和思想的观点，赋予了马克思主义的新时代内涵。可见，无论在何种境遇下，中国历史的车轮一直向前发展，中华文明前进的步伐未曾间断，中华文明一脉相承、一以贯之的历史与超强的适应力成为国民引以为傲的文化资本。随着社会文化的发展，更需要强调在当前推动构建人类命运共同体这一时代背景下，如何将相关文化符号作为民族精神的重要标识，并以此作为中华传统文化科学性和现代性的重要注脚（见表1-1）。

表 1－1 鸦片战争以来传统文化演进过程

时间线	代表事件	文化特征现象
1840～1918 年	鸦片战争 辛亥革命	现代文化启蒙 传统文化断代
1919～1949 年	抗日战争	马克思主义同 传统文化相结合
1949～1956 年	新民主主义革命	民族、科学大众的新民主主 义文化
1978～2015 年	改革开放	民族文化发展制度 文化治国理念
2016 年至今	新时期全面建设小康社会	具有时代特征的人类文化 共同体

传统文化对捍卫中国国家主权和扩展国家文化利益等战略至关重要。首先，中华传统文化延续了中华文化的历史脉络，强化着民众的认同感，有利于建立中华民族的历史记忆，这成为民族存在和发展的证据，是民族智慧的来源，同时也是增强民族凝聚力的前提条件，从深层次上保障了中华民族的长期统一和持续发展。其次，中华传统文化的价值在于可以获得相应的文化认同，能够有效地建立起民族自信心。而文化认同正是对人的精神存在做出的价值肯定，主要通过民族本身的特性、习俗和生活方式“以集体无意识的方式流传至今，融合了人们的各种认同，从而阻止了不同的认同之间因部分认同的背离或异特性而可能发生的文化冲突”。文化的延续加深了对民众的认同感。其实质是对社会理想、信念、价值观等的认同，通过相同的价值取向，最后形成强大的向心力和驱动力。

习近平总书记提出：“中华传统文化是中华民族的精神命脉，是涵养社会主义核心价值观的重要源泉，也是我们在世界文化激荡中站稳脚跟的坚实根基。”① 社会主义核心价值观，传承中华优秀传统文化基因，寄托着近代中国人民上下求索、历经千辛万苦确立的理想和信念，同时承载着每个人的美好“愿景”。传统文化是中国特色社会主义核心价值观的重要源泉。而优秀的传统文化往往“内化于心，外化于行”，通过对社会群体内部的行为内化，将中国的国家行为和国际行为予以规范，并对构建人类命运共同体等理念奠

① 注：习近平谈文艺精彩话语摘编，刊于 2014 年 10 月 15 日《人民日报》。

定了文化的基础。中华民族优秀传统文化的价值在于其所蕴涵的独一无二的理念、智慧，增添了中国人民和中华民族内心深处的自信和自豪。特别是在新时期，中华民族精神的传播和传承并非完全处于静态；相反，无论是形成过程还是发展过程，都是动态发展的，属于适时变化、适时调整的动态文化。

传统文化对当代中国的社会价值体现在三个方面：首先，传统文化能重塑民族的生产和生活方式，通过历史传承要素证实民族存在和发展从而有效地构建民族记忆，增强民族凝聚力；其次，传统文化的价值在于塑造民族心理，获得文化认同，建立民族自信心。而文化认同的核心就是对理想、信念和价值观的广泛认同，采取相同的思维形式，最终形成强大的社会向心力和社会发展驱动力；最后，传统文化的价值在于新文明塑造作用。文明的发展一定是建在一定的文化基础之上的，传统文化适应了中国文明的向前发展，其文化思想具有很强的文化引领作用，对于国家经济和社会发展至关重要，有利于构建文明社会（见图 1－4）。

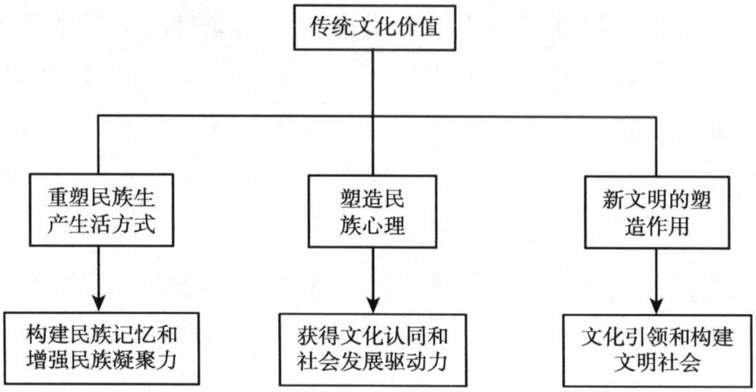

图 1－4　传统文化的价值和意义

总之，传统文化的价值产生于民众的文化生产和社会生活过程之中，又反作用于民众的物质文化生活，具有自我扬弃、更新和发展的特点。因此，需要理解中国优秀传统文化中最为深沉的文化精髓和经世之道，从而以文化自觉和文化自信的新时代心态，将文化植根于民众生活和社会发展实践，实现传统文化的历久弥新。而在传统文化传承的过程中，既需要对文化内容进行开拓创新，又必须从社会实际出发，尊重社会发展的具体情况和实际国情，还不能囿于历史和故步自封。真正地将中国传统文化的精神属性、力量属性等发扬光大，从而成为新时代中国实现中华民族伟大复兴的重要力量和精神源泉。

第二节 新媒体的概念和传统文化传播的关系

传播是独立系统之间利用一定的媒介和途径进行的有目的的信息传递活动。文化的传播过程是一种信息传递和分享的全过程。信息的沟通和反馈是传统文化生存和赖以发展的活性机制，传统文化只有通过有效传播才能被世人所了解，才能更好地进行传承和发展。媒介作为文化的传播平台，在某种程度上是文化的延伸和拓展。文化植根于特定的地域环境和历史环境，具有外显性和内隐性的特征。一方面，文化以媒介作为依托的信息传播载体；另一方面，媒介则以文化信息作为传播内容，两者相互依存，共同发展（见图1-5）。受到技术、地域等客观条件的制约，不同历史时期对传统文化的传播方式和扩散方式存在着较大差异性。一般而言，由于文化是人类知识的承载，其内容具有一定的广度和深度，难以在短时间内被受众所理解和接受，故其传播过程较为复杂，传播速度相对比较缓慢。“受众个体”是早期文化传播的主要转播工具或传播媒体，文化传播的区域也相对封闭。而随着传统媒体包括报纸、广播、电视等的出现，文化的传播方式也有了长足发展，不同文化之间虽然有融合，但融合速度仍然比较缓慢。

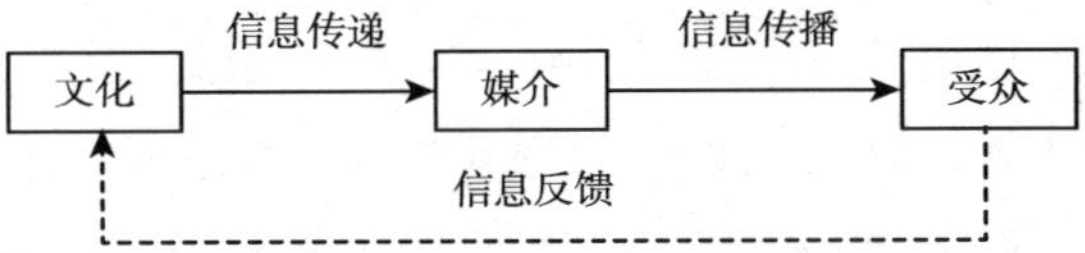

图1-5 文化的基本传播模式

随着社会的进步和科学技术的发展，传统文化的传播范式也得以重构，即传统文化开始突破早期人与人之间的人际传播模式，文化传播的环境也发生变化，从相对封闭的体系转向自由交流。随着传播空间的拓展，人类文化传播也进入了一个崭新的阶段。特别是随着社会变革和经济的高速发展，社会进入了一个物化消费阶段，这对文化传播产生了深远影响。在这一环境下，传统的伦理观、价值观、处事原则日益消磨，民族传统和社会美德正日益边缘化，经济利益吞噬社会理性。而随着新媒体的出现，文化信息能够在世界范围内进行传播扩散，不同文化信息之间能够进行有效交流碰撞、吸收融合，并能够快速地对这一文化现状进行“建构”和“解构”。

一、新媒体语境内涵和新媒体传播特性

语境是一种以语言为基础的全媒体概念，即通过各种表现形式的综合运用，包括声、光、电、图像、文字、表格、符号等所形成的媒体环境，而媒体环境的实质是构建特定的语言模式对信息内容进行的有效传播。因此，语境可以理解为一种特定的语言环境或场景。美国学者霍尔认为：“语境有高语境和低语境之分”。其中，中国和大多数东方国家属于高语境社会，即传播中的大多数信息或内化于个人身上，或存于物质语境中，被传播信息很少进行清晰的编码。即传播者和受众之间关系较为密切，可以通过语言或者肢体进行表达，不需要通过高度复杂的理解过程去消化。因此，不同媒体语境下的信息表达方式和类型完全不同。

新媒体语境即依托新媒体创造的语境，是一种全新的媒体语言环境，是信息化社会里特有的传播方式和体系，通过网络通信等传播手段将文字、声像等信息借助新媒体向受众传播出去，直接影响人们的认知范围、特点和结构，进而影响人们的行为活动的一种文化氛围。而本书所涉及的“新媒体语境”是在高语境条件下，以新媒体传播理论为基础的文化传播学分析条件而已。因此，在新媒体语境下，强化传统文化的传播其实质是对社会现实文化的重构和拯救。从这个意义上讲，利用新媒体技术，推动传统文化的传播是当前社会文化发展的前提和基础。而新媒体语境的价值是通过新媒体手段传播传统文化的人文精神，丰富传统文化的内涵价值（历史价值、实践价值等），重塑受众多元化的文化生活。新媒体语境具有其独特的特点，主要包括：首先，新媒体语境具有公众化的特点。通过新媒体平台，每个受众既是信息内容的发布者也是内容的接收者，并能快速对信息进行加工、反馈，生成新的内容。其次，新媒体语境具有相对透明化的特点。通过新媒体，任何受众都可以清楚地看到信息的传播路径和传播结果。最后，在经济全球化和信息全球化的背景下，新媒体语境会促使不同民族文化、国家文化等进行跨文化交流和碰撞，通过知识共享和文化融合等途径对人们的思想意识、社会价值以及生产、生活方式等都将产生巨大的冲击。

新媒体（new media）这一概念最早由美国哥伦比亚广播电视网的戈尔德·马克在1967年提出，定义为建立在数字技术和网络技术基础之上，其涵盖了所有数字化的各种媒体形态，包括数字化的传统媒体、网络媒体、移动端媒体、数字电视、数字报纸杂志等。清华大学的熊澄宇则提出，所谓新媒体，或称为数字媒体、网络媒体，是建立在计算机信息处理技术和互联网基础之上，发挥传播功能的媒介总和。其全方位、立体化地融合了大众传播、组织传播和人际传播方式，以有别于传统媒体的功能而影响受众的生活。而从媒体发布角度，相比于报纸、广播、电视等传统媒体，新媒体的概念更加宽泛，能通过电脑、iPad、手机、数字电视等各种移动终端，向用户提供定制化的媒介信息和满足受众个性化的娱乐服务。

媒体对信息的传播具备五大基本要素：信息的发布者、信息的接收者、信息传播的内容、信息传播的渠道和接受者的反馈。传统媒体的信息采集相对有限，而新媒体具备全方位的信息采集能力。相比于传统媒体从信息源到受众的单一传播模式，新媒体在信息传播的渠道、内容和反馈上有所不同，具有交互性和即时性、海量性和共享性、多媒体和超文本、个性化和社群化等多种特征（见图1-6）。特别是借助移动互联网终端，新媒体能够以更快的速度向全世界任何拥有网络的受众实时传递相关的信息，信息传播的效率能力有了新的提升。其传播作用主要表现在以下方面。

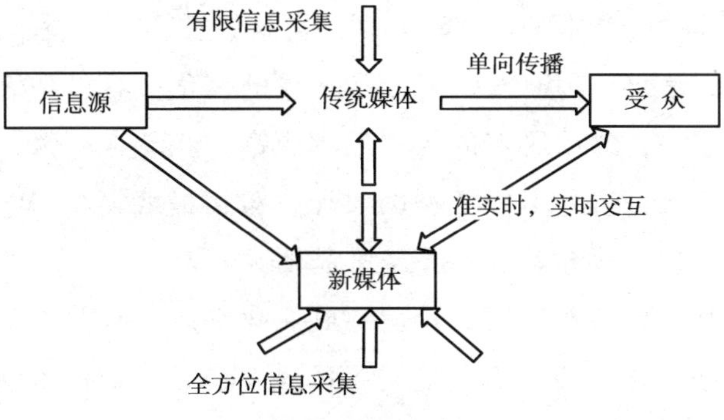

图1-6 新媒体相比传统媒体的传播模式

第一，新媒体可以迎合人们休闲娱乐时间“碎片化”的需求，实现传播者和受众之间有效、快捷的沟通，从而满足人们在“碎片化”时间获得更多的信息，特别是新媒体具有丰富的视觉艺术表现形式和多元的传播类型，让人们不再满足传统单一而枯燥的传播形式，更加生动丰富的信息传播形式能更好地实现传统文化的传播。

第二，新媒体实现了传播行为的个性化，能够满足用户随时随地的互动性表达娱乐和信息的需要。特别是依托互联网的新媒体，消费者在信息传播的同时也是信息的生产者（UGC），这使信息传播的门槛变得更低，信息传播者和接受者之间的界限变得不再明显，普通个体能更方便地参与到信息传递过程中。

第三，受众使用新媒体的目的性和选择的主动性更强。一方面，受众可以直接通过互联网和移动客户端，随时了解媒体所传播的最新信息，接收到世界各地的新闻、娱乐、经济、文化等各个领域的实时动态。另一方面，也可以并根据受众的实际需要，对媒介相关内容进行分类整理筛选出有效信息内容。

第四，新媒体实现了传播内容的多元化和传播类型的融合化。其在媒体运用方面和内容选择方面更具有个性化，可以根据具体内容进行充分的市场细分。相比于传统媒体的传播，新媒体的传播方式也发生了巨大的变化，从单向传播转变为多点对多点的互动传播模式。用户个体可以通过自行创作将更多精彩的文化表达与公众分享，如微博、微信公众号等，既有文字表达，也有互动创作，使信息的获取和接收更加灵动。

可见，新媒体的实质是媒体技术的延伸性、数字媒体技术的多样性以及信息传播的交互性。特别是在移动互联网时代，社会节奏快、信息需求量大。通过数字媒介，信息的沟通发生了天翻地覆的变化，可以将信息通过不同的多媒体呈现于客户，移动终端的传播效率更高，互动性更强。随着新媒体边界的不断向外扩张，各种不同类型的媒介，包括报纸媒介、电视媒介等在新媒体出现后所呈现的媒介融合趋势越来越明显。对任何一个社会具体行业而言，尤其是文化传播行业，从文化萌芽到文化兴起，其关键是如何通过媒介进行承载和传播文化。特别是传统文化代表中华民族的传承和荣耀，在新时期面对快速社会发展和激烈的社会变革，传统文化的传播更需要借助新媒体的发展，以新媒体为传播载体，不断丰富传统文化的内涵和文化的内容，加强传统文化的内容创新和发展，并积极吸收世界各地的优秀文化精髓，让中西文化有机结合，最终使古老的传统文化在新时期展现出更深的影响力，在新时代焕发出新的生机和活力。

二、新媒体的变迁和发展历程

从媒介范畴来说，新媒体内涵更加丰富。相比于传统的电视媒体，互联网媒介就是所谓的新媒体；而相比于博客，微信公众号就是新媒体。可见，新媒体的概念和其范畴会随着媒介技术的革命而发生动态改变，特别是最近几年，由于传播技术的飞速发展，新媒体的种类和传播类型发生了巨大的变革（见图1－7）。

图1－7 新媒体种类示意图

其中，2009 年，人人网的上线引起了全国风靡的“偷菜”运动，进而引爆社交游戏。2010 年，人人网对其功能进行完善，进一步实现了中国社交网人际传播的发展。2011 年，新浪微博开始兴起，其快速便捷的转发功能、强大的传播方式引发娱乐界和营销界的巨大变革，也引起社会文化传播方式的变革。2012 年，伴随着京东和阿里巴巴开展的“双十一”的电商大战，微信公众号和今日头条等也相继进入大众视野。2013 年，一些新兴的新媒体如知乎、简书、一点资讯等相继爆发。2014 年，新媒体客户端网易自媒体、微博自媒体计划、搜狐自媒体计划的补贴大战开打。2015 年，包括咪蒙、十点读书、一条等新兴媒体工具备受用户的追捧，网络资本也大量涌入新媒体领域。2016 年，短视频“抖音”引爆视频网红，腾讯等多家企业也建立了以短视频为主要传播内容的媒体平台。

真正的新媒体腾飞则来自 2017 年，中国新媒体行业发生着天翻地覆的变化，“数字中国”建设进入快车道，网络直播和短视频行业新型态频出，内容付费和知识服务变革加快，百度百家、直播、微信小程序成为热门。特别是

“微信公众号”已经与传统电视媒体、互联网媒体并列成为第三大内容媒体，通过新媒体推动外交事业，进一步提升了中国在国际的影响力。而随着5G移动互联网时代的到来，人工智能算法、智能语音和计算机视觉、智能驾驶等领域将取得长足进步，人工智能企业也将加速崛起。传统媒体和新媒体在媒体类型、媒体内容、交互形式方面的融合也将进一步加快，而随着“一带一路”倡议等中国智慧在全世界的持续推进，我国的国际传播能力也取得了巨大的提升。根据艾瑞咨询的相关数据显示：2017年，中国社交零售用户规模达到2.23亿人次，较2016年增长46.7%，预计2020年用户规模将达到5.73亿人。2017年在线音频用户规模达到3.48亿人次，预计2019年将超过4.68亿。《中国网络版权产业发展报告（2018）》预计，2020年短视频的市场规模将超过350亿元。语音直播平台已经成为新媒体的重要传播平台。

同时，新媒体对政务公开和新闻舆论工作也起了巨大的推动作用。在新媒体的帮助下，政府政务公开制度和政策举措更加完善，从中央到地方基层正深入推进，政务新媒体数量也出现了快速增长。利用新媒体，政务的矩阵化和视频化的表达也逐渐增强，电子政务服务也有所提升。此外，中央和地方主流媒体、政府网站，庞大的政务新媒体和主流媒体账号，在互联网阵地的舆论信息发布、舆论引导、舆情回应、生活服务等多个方面发挥了重要作用。特别是自2017年以来，以新媒体平台作为文化传播的主要阵地，其文化正能量宣传效果非常显著，社会舆论反响积极热烈。人们可以通过社交媒体平台对引起社会广泛议论的“新时代”和“新气象”进行评论、转发。一些社会的关键性热词，包括“砥砺奋进的五年”“党的十九大”“沙场阅兵”等都掀起全网文化传播的热潮。中央和地方媒体、各级政务新媒体矩阵成为新闻宣传和网络正能量传播的主力军。可见，优质的内容仍然是新媒体的核心竞争力，通过对信息内容的筛选和过滤，媒体传播咨询的编辑扩展能力将进一步加强，从新闻资讯到知识付费，整个文化传播的生态边界和信息传播创新的机会也将会扩大。

总之，传统文化传播是国家经济、文化事业健康发展的关键因素，有利于进一步培养强烈的民族自豪感并增强民族凝聚力，成为中华民族伟大复兴的重要精神支柱。随着新媒体的快速发展，更应挖掘、整理、借助新媒体当前发展的良好外部环境进而创造崭新的艺术形式，充分利用互联网思维、现代文化理念加快对传统文化的传播，提升人们的思想深度和广度，为进一步传承传统文化理念和构建社会主流价值观、担当社会责任提供行之有效的路径。

第二章

新媒体语境下传统文化的传播机制研究

中国传统文化是多种哲学思想完美融合的文化体系，具有高度的包容性。这意味着中华文化是一种具备生命力和创造力的文化，具有强大的同化和改造外来文化的能力。中华文化是一种注重现实、强调脚踏实地的文化，更加注重人的精神境界的提升。相对于西方的自然哲学，中国传统文化更强调文化主体的内在精神境界，强调追求人的身心和谐的特征。虽历经千年的发展演变而经久不衰，博大精深，意蕴丰富，其文化精髓影响着中华民族的发展和中华文明的传承。而随着社会的发展，传统文化的传播更需要适应媒体技术的发展。由于新媒体集合文字、图像、图形、动画、视频、录像、音乐等传统表现媒体的优点，结合了计算机的交互功能，加上各种表现方式，吸引了大量的文化受众，引导了大众的审美理念和传播进程的数字化转变。因此，利用新媒体传播中国传统文化成为彰显中国文化自信，推进中华民族崛起和伟大复兴的重要传播工具，也是实现中国梦的重要动力。

媒体传播方式的变革也必将引起传播模式和文化产业的变革。中共中央、国务院《关于深化文化体制改革的若干意见》中已经明确提出，要“大力推进文化产业升级。用先进科学技术促进文化产业发展，积极采用数字、网络等高新技术和现代生产方式，改造传统的文化制造、生产和传播模式，延伸文化产业链。”可见，推动新媒体发展的关键在于构建新型城市文化市场、推动城市文化产业发展，新媒体的发展和新的传播方式的出现，推动着城市文化形象的发展。构成城市文化形象的各种要素是承载和传递地域文化信息的媒介，是地域文化的载体和显性表现。因此，本章围绕新媒体语境下传统文化的传播机制展开研究，深入分析传统文化的承载价值以及新媒体对传统文化的结构作用。

第一节　新媒体语境下传统文化的承载价值

中华传统文化孕育着丰富的思想道德资源，是培育和弘扬社会主义核心价值观的沃土。在文化发展视角上，媒介是人的文化世界观在技术运用上的具体呈现，是人类文化生活的外在延伸和拓展。从文化传播的历程来看，文化传播的传统最优渠道是大众媒体，它是传统文化聚散和传播活动的核心。通过大众媒体，虽然能将文化从“内容生产”到“社会关系价值构建”进行普遍有效的传播，但传统大众媒体文化传播依然是单向的，即从“媒体→受众”，并且带有组织性和中心化，而受众仍然处于从属的、被动接收的状态。在新媒体时代，蓬勃发展的各类新型媒介为传统文化的有效传播提供了良好的发展平台。新媒体以其强大的技术支撑和交互式非线性的传播特征，迅速改变了现有大众传播的既有范式，其高效、快速、安全的传播特征让人们的生活发生了巨大的改变。中国传统文化大多讲究“天人合一”“责任意识”等，具有明显的群体性文化特征。在新时期，对中国的社会主义文化建设仍然具有较强的指导意义，而传统文化对人的心灵熏陶和价值塑造具有不可替代的作用。传统文化的发展需要适应媒体环境和传播环境的变化，特别是在新媒体语境下：一方面，传统文化的具体内容和传播形式都需要进行适当的变革和转换，紧跟新媒体的发展脚步并迅速转型，以新媒体为传播载体，将中华民族传统文化继续发扬光大；另一方面，结合新媒体互动性的双向传播特点，如何重构传统文化，发挥文化对人的精神价值的指导意义成为传统文化进行新媒体传播的重要内容。

一、新媒体语境下的文化价值

在五千年中华文明发展史过程中，中国传统文化形成了日益稳定的文化精神形态。从文化传承的角度，传统文化思想种类繁多，既有道家的淳朴自然，也有儒家的仁爱友善；既有墨家的无私大爱，也有法家的严谨苛责，甚至包括佛家的慈爱和奉献。而从文化实践的角度，中国传统文化倡导个人融于集体的家国意识，强调社会道义与公平。然而，当前传统文化的传播却出现一定的障碍，甚至有逐渐消逝的趋势。追根溯源，中国传统文化的危机始于鸦片战争，亡国灭种的民族危机使国人对传统文化的精神力量失去信心，并进一步促进了向西方文化学习甚至产生了“全盘西化”的思想。新中国成立初期，受限于反封建思潮和相关的文化运动，传统文化几乎消亡殆尽。而随着改革开放的发展，传统文化取得了较大的发展，然而由于外来文化的影响，传统文化的生存空间受到新一轮冲击。如何保护和传承传统文化迫在眉睫。

首先，在新媒体语境下，本土文化和外来文化面临激烈的思想冲突。由于传统文化植根于中国千余年的发展历史土壤，具有相对稳定的文化特征，而外来文化往往具有鲜活的生命力，在一定程度上对传统文化思想特征产生了影响。特别是在信息全球化的今天，新媒体网络消除了国家和地域的固有界限，打破了不同意识形态下地域间的文化壁垒，加快了各国本土文化对外来文化的吸收。利用现代媒体技术优势，有利于对传统文化精髓进行提炼和传播，加强文化质量的提升打造民族文化精品，不仅可以对国民进行循序渐进的传统文化精神洗礼，还可以充分利用新媒体重新建构起符合当前现在形式的文化观，避免传统文化形式因内涵意义难以理解而从人们的视野中消失，同时避免产生因为新媒体艺术重形式轻内涵而导致主流艺术缺乏文化深度的社会现象，从而以媒体语言对传统文化精神进行整合。

其次，在新媒体语境下，传统文化的地域属性和自然属性共存。例如，良渚文化是人类在新石器时期生产、生活留下的遗存，反映了良渚先民生产技术、生活环境和社会结构等方面的重要信息。这一新石器文化符号展现了浓郁的地域文化元素，是浙江文化魅力的一次全新艺术整合。通过新媒体形式，借助微信、微博等互联网传播方式对外展现出浙江的精神文化形象，有利于推动浙江精神文明的进步，加强浙江城市的文化形象塑造与传播。

可见，利用新媒体进行文化传播给传统文化发展带来了新的机遇。从发展脉络看，传统文化植根于中华悠久的文明历史，贯穿于民族特征和国民精神。而基于新媒体的相关数字媒体艺术则源于西方发达国家，由于技术上的先进性导致其成为强势文化。在当前社会更加重视物质文化的情况下，如果处理不当，极易受到西方文化和价值观念的影响和制约，从而导致西方文化对中国传统文化的侵蚀。

二、新媒体语境下的文化传播问题

借助新媒体力量，传统文化的传播效率有了极大的提升。一方面，传统文化可以广泛、迅速而有效地向文化受众进行有效传播；另一方面，受众可以有效地对传统文化进行及时反馈和沟通，使传统文化的传播更具有针对性。可见，新媒体在传统文化传播中逐渐承担着主力军的作用，然而，当前传统文化的传播只停留在文化宣传的表面，虽然对文化传播的广度（范围）有所提升，却无法对文化的精神内涵做到深度表达。目前存在的传播问题主要在以下几个方面，如图 2－1 所示。

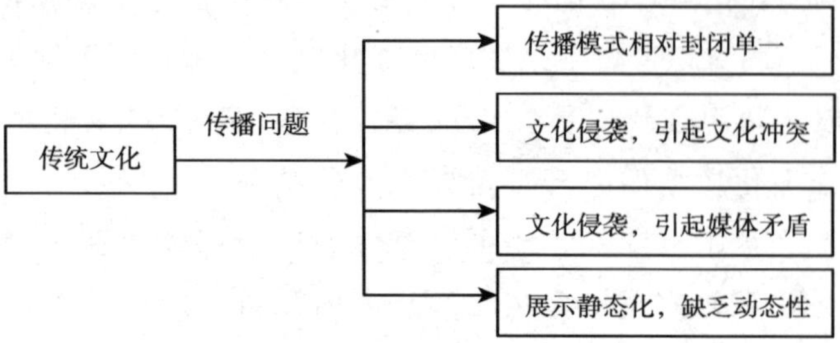

图 2－1 传统文化的传播问题

其一，传统文化的传播模式相对封闭、单一，与新媒体语境存在明显的差异。特别是传统文化中存在的模糊、神秘思维方式以及传统文化所表现的独立化特征和形态更适合小范围内进行封闭传播，难以满足新媒体时代人们对信息多元化和立体化的需求。

其二，传统文化当前日益受到各类多元文化的“侵袭”，文化群体性特质和新媒体思维构成矛盾。特别是当前中国的传统文化正面临国外自由文化的冲击，如何发挥传统文化的兼容并包的优点，摒弃传统文化中的不足成为发扬传统文化亟待思考的重要问题。

其三，中国传统文化的特点是具有鲜明的群体性，集中体现了某一群体特定历史时期共有的文化特征。而利用新媒体进行传播更多地彰显个体特性，如何在发扬个体特性的同时，积极传播中国传统文化的价值观，并充分体现群体文化特征成为重要的问题。

其四，传统文化的展示方式相对静态，缺乏动态的视觉思维和多样化的展示形式，而西方文化则形式多元化，更加强调文化的视觉思维。在新媒体语境下，如何充分展现视觉思维成为传统文化延续和发展的强大思想基础，通过视觉思维推动传统文化的视觉化、形象化，最终引领传统文化展现现代视觉的思维价值。

随着新媒体技术的不断进步和新媒体传播的普及，民族文化的传播主体和传播媒介也逐步发生着改变。传统媒介不再是唯一的民族文化传播媒介，而传统文化的传播主体也不再受到时空等方面的限制，传播主体可以随时随地利用新媒体进行内容创作，传播各种传统文化信息。因此，从文化空间广度来看，由于新媒体技术的运用，传统文化的传播空间得到大范围的拓展和延伸。特别是在新媒体语境下，传统文化传播主体呈现出相互交织的多元化发展特性。首先，新媒体以其强大的技术优势改变了文化传播方式，其传播内容更加具有针对性；其次，新媒体作为媒介，其对传播的内容更具包容性，可以将西方某些文化引入传统民族文化之中，进一步丰富中国传统文化。同时，由于新媒体的形式多样，故其传播形式也可以具有多维度的特性，每个受众都可以通过简单的媒体设备进行信息传播和扩散。从传播方式和途径来看，每个受众都包含信息传播和信息接收的双重特性，故利用新媒体进行文化传播有利于对民族文化作品和传统文化作品进行新的文化创新和文化拓展。

从传播学角度，传播的本质在于信息的外延性扩散。开展传统文化传播的根本目的在于扩大传统文化的社会知名度，从而使更多的社会公众认可、接受和学习民族文化和传统文化，尤其是注重在青少年群体中进行宣传，从而培养其良好的民族文化爱好，从而更好地传承、保护和发展中国优秀的传统民族文化。由于新媒体平台的主要使用人群主要在于青少年群体，利用新媒体技术可以更加精准地识别文化传播的受众对象。因此，在新媒体语境下传统文化的传播应当坚持面向社会，培育从文化创作到商业盈利的立体化、链条化和市场化的传统文化产业链，从策划、制作、营销等产业环节来加强监管，促进传统文化在新媒体语境下的社会化传播。

总之，在新媒体语境下，传统文化的传播对象具有鲜明的精确性，通过新媒体，有利于实现将传统文化向目标受众进行精准传播。故应当充分利用每一次文化传播交流的机会，充分利用新媒体的传播优势，吸收、消化和融合先进的文化因子，最终形成具有鲜明本土特色和时代特征的新型文化艺术形式。一方面，政府应当做好传统文化的立法、传承的保护工作，并通过制订相应的文化激励机制加强对文化内容创造的相关机理以及对优秀文化作品和成果的奖励政策来促进民族文化产业的健康发展；另一方面，积极引入社会资本，充分调动包括企业、社会组织以及社会公众等对传统文化产业的积极性，促进中国传统文化产业的迅速发展，充分融合新媒体语境的文化传播特质，充分融入到新媒体时代。

第二节　新媒体语境对传统文化的解构作用

文化本身并无优劣之分，只有地域的差别，不同民族、国家之间的文化存在显著的差异，这种差异性在不同的社会背景下表现得也相去甚远。在传统的历史文化形态下，由于文化的传播交流较少，文化间的融合较难产生，不同民族、不同国家的文化受到人们的政治、经济、生活、心理等多重因素的影响，最终产生巨大的差异性。然而在新媒体的语境下，社会更加开放，社会信息的交流更加频繁，不同文化之间的传播内容更加广泛，传播速度也更加快捷。传统文化往往通过相互借鉴、吸收对方文化中的合理因素，形成一种包含数种文化内涵的“新型文化”。

特别是由于在新媒体语境下，数字技术以个体为单位、具有传播迅速、互动性强等优点，文化的重组几乎每天都在进行。传统文化通过吸收、消化现代化视听语言等方式，增加了传统文化形态的重新建构，最终形成包含外来文化的同时又具有鲜明传统特色的崭新文化形态。新媒体技术的蓬勃发展，为传统文化的发展提供了有效的平台，通过传统媒体和新媒体技术之间彼此互动和融合，有效的视觉传播成为两者融合后新的审美表达，而从文化内涵到视觉的外在传播，传统文化可以借助新媒体的优势，为社会增添新的文化感知和文化价值体验。

一、拓展传统文化传播渠道，正向促进传统文化传播

传统文化的扩散和传播的实质就是将民族思想观念、经验技艺以及其他文化特质等通过媒介由一个社会群体传播到另一个社会群体，或者由某一区域传播到另一区域的地理空间扩展过程。在传统媒介语境下，传统文化的传播通常是通过电视、电台或者报纸向受众进行信息的传递和沟通的过程。而传统媒介受制于媒介平台的经济利益或其他因素，更多的只是将与文化有关的经济、政治等信息要素向受众传递，这使文化的传播往往处于相关信息传播的边缘地带。

由于大数据和移动互联网的快速发展，新媒体技术也取得了长足进步，传统文化的传播渠道得以不断拓宽。不管是传播形式还是传播路径，新媒体在传播过程中都具有其自身特点，是对传统媒体的变革。从博客到微博，从电子书到公众号，从短视频到抖音，从有声读物到付费阅读，新媒体传播形式的多样性和创新性不仅改变了传统文化传播的方式，而且也改变了社会公众对传统文化的接受方式。不同的社会公众可以根据偏好、自身特点自由选

择不同类型的媒体工具，并从媒体工具处获得有效的信息。即新媒体通过多元化的传播方式吸引越来越多的观众关注。用视频、音频和图片的不同形式将传统文化进行转化，增加了文化的可看性和趣味性，将新媒体传播下的传统文化信息变成了一种受众可以进行阅读的享受，树立了传统文化品牌，甚至在一定程度上影响着我国传统文化的整体发展格局。例如，通过构建“微信公众号”平台，良渚文化在社会上引发了公众更多的关注。通过新媒体技术推动了传统文化的内容再生产过程，创新构思出高质量、高水平的传统文化作品，从而吸引受众的深入了解。

可见，新媒体媒介不仅拓展了传统文化的传播渠道，而且由于其自身的特性如互动性、精准性等可以充分激发社会公众兴趣，并利用形式多样的传播方式极大地提高了传统文化的影响力。有利于传统文化在社会更大范围进行相关内容的定向推送和传播，从而形成一个民族文化推广和保护的良好文化氛围。由于新媒体的本质是社会交往的虚拟化，以真实的社会角色为基础，是现实交往的一种延伸，故新媒体语境下的社会文化交流更为真实。特别是新媒体语境下文化的社会化构建更为多元，即通过网络空间的文本、图像、音频视频以及三维虚拟空间等为受众创造出全新的情境文化体验，在很大程度上消解了虚拟现实和客观真实之间的界限，拓展了受众的参与空间，通过与受众的交互和信息反馈等提高了信息传播的效率。

二、新媒体语境促进传统文化的记录和再现

传统文化所展现的不仅是一种文化的具体活动过程，更是一种社会活动的形式和结果，尤其是民族文化。由于受限于各种主客观因素，包括政治因素、经济因素、技术因素、民族心理因素等，部分传统文化由于信息传播出现障碍，会逐渐消失在历史长河之中。伴随着以数字技术为代表的新媒体的迅速发展和普及，可以最大限度地将传统文化以最为保真的方式进行记录并传承，开展对文化信息的采集、储存、处理、显示和传播，并通过对传统文化遗产的转换、再现和复原，最终实现传统文化遗产信息的共享和可再生数字形态的文化展示。

传统文化借助数字化的方式可以实现对文化信息的有效存储和利用。一方面，可以通过现代数字化技术将传统文化遗产的档案资料进行数字化的存

储，包括与传统文化有关的音乐、影像、图片、手稿等，采用新媒体的方式进行数字化的保存和传播。随着当前数字技术的发展，还可以采用数字技术将传统文化遗产资源进行数字化转化和处理，制作成具有可视化的虚拟文化产品。例如，通过2D或数字3D技术将传统文化遗产进行再现和解读；或者通过视频、图片、三维动画等表现形式对传统文化遗产进行数字化体系构建，确保传统文化资源记录的完整性和系统性。

另一方面，还可以借助移动互联网络、手机APP、微信、微博、抖音视频等对传统文化作品进行更加直接的全方位再现，例如，直接构建有关某一文化产品的“抖音”互动小视频内容以吸引受众的关注和转发。而对文化研究工作人员来说，也可以根据最新的文化研究相关进展，由技术人员完成对平台的搭建和维护，实时更新数字平台内容，通过数字媒体平台让更多的受众了解文化遗产，实现资源的共享和有效利用。例如，将博物馆展品进行在线视频直播，供社会公众进行网络在线欣赏和转发、评论等。最终，结合多方面的多媒体整合信息，采用视频、音频、图文等具体形式建立起综合性的视觉传播平台，形成统一的文化数据库，并供大众在数字平台上对文化遗产信息进行搜索、查阅和传播等。

三、新媒体促进传统文化的传承和创新

新媒体媒介凭借先进的技术优势和传播特征在文化传播方面发挥着巨大的作用，特别是新媒体语境下的传统文化传播渠道不仅涵盖以电视、电台和广播为代表的传统媒介，而且还包括以微信、博客和APP等为代表的新媒体媒介。新媒体和传统媒体的融合与综合运用能够更好地传播传统文化，拓展媒介的信息传播空间，从而有助于传承和延续传统文化。与此同时，新媒体除了对传统文化活动进行客观记录和再现以外，还可以借助新媒体将传统文化进行融合碰撞从而创造出新的文化作品；同时传统文化的传承还会受到新媒体传播理念的影响，从而将古典特色和现代特色融合起来，对传统文化进行内容的创新和发展。

但是，新媒体语境对传统文化的传播也可能出现负调节作用。库尔特·卢因认为，群体传播过程存在一些“把关人”，其职责在于将符合群体规范和相应价值标准的内容进行传播。库尔特·卢因的“把关人”理论表明，新

媒体语境下传统文化传播和扩散存在着一定风险，由于缺少了“把关人”，传统文化的传播和扩散效应将出现“失控风险”。

其一，在新媒体语境下，传统文化传播的参与人群更加广泛，传播和扩散方式更加多元化，包括影像、文化等都成为重要的传播形式。虽然不同媒体间的文化传播内容、扩散效率和传播方式都存在一定的差异，但就整体而言，新媒体下传统文化的传播并非毫无目的，相反，或基于经济利益，或基于舆论效应，或娱乐大众。在各种不同的目的下，传统文化传播扩散往往会在主导目的导向下对民族文化进行指向性、目的性的开发和传播。深厚的传统文化传承演变会在不同目的指向下，将文化内容抽象为特定的文化符号，并避免不合理的传播扩散而丧失传统文化的固有形态，最终导致传统文化的损害，从而影响文化的传承和发展。

其二，传统文化内容容易被断章取义传播扩散。由于在新媒体语境下，公众在传播扩散传统文化上具有更大的随意性，不同公众的人文背景、文化修养各不相同，其对传统文化的传播并不能在一个水平线上保持一致。在新媒体产业的娱乐环境和不同传播目的驱使下，传统文化的传播和扩散也不能保持一种客观真实的扩散。李金涛等就发现网络传播对满族文化传承产生了较大的负面影响。此外，由于对传统文化的理解存在着理解角度、深度的问题，某些娱乐化的文化信息解读对民族文化形成错觉，导致社会对传统文化可能造成误解。

其三，传统文化在传承中首先需要进行定位创新。通过文化的符号化构建中华民族的集体和文化认同，让受众在快节奏的社会生活中的不安、迷茫以及情感缺失等的现状得以释放，同时也达到传播过程中的情感认同，最终满足大众对知识、情感、人生价值等的多重传播需求。其次，不断加强内容的创新，打造精品的文化内容，真正以传统文化内容为核心，摒弃不符合时代要求的内容，保留其内在精华。最后，加强技术创新，以创新的技术推动文化形式的创新，传播高质量的传统文化作品，用多种手段降低用户获得文化信息的难度，最大限度地吸引受众关注。

总之，传统文化是国家政治、经济发展的根基，是人的内在本质。在当前政治、经济转型情况下，更要积极探索新媒介环境中传统文化的传播，从传统文化本身的特点出发，深挖其社会内涵和现实意义。从受众角度出发，进行传统文化的传播，弘扬文化的精神，从而提高中华民族的文化自信心并且增加民族的凝聚力。

第三章

新媒体在良渚文化传播中的作用机制研究

良渚文化是东方早期文明的典型代表，为东方文明的传承和发展奠定了文化和历史的基础。而在世界同时期的文化中，良渚文化与苏美尔、哈拉帕和古埃及文明总体处于相当的发展水平。拥有较为稳定的产业发展模式和发达的生产力水平，具备一定的工程技术能力，都进行了包括城墙、水利设施等大规模的城市化建设，并产生了较为复杂的社会组织结构。良渚文化代表性的玉器、陶器等手工制品联同良渚稻业文明发展成为人类社会共同的文化遗产。进入新石器时代以后，中华大地逐渐形成了数个考古学文化区系。距今6000年以来，各文化区系进入复杂化、城市化和文明化的新阶段，最终依托地域特色逐步分化为独立的文化类型。距今5000年前后，相比于良渚文化遗址所体现的完善的社会分级结构、宗教信仰以及标准的礼仪制度方面，无论是中原的“苗底沟文化”、山东的“大汶口文化”，还是长江中游的“屈家岭文化”及“石家河文化”，与之相比都存在较大的差距。现有的考古研究表明，良渚文化已经进入了成熟文明和早期国家阶段。

良渚文化遗产是人类文化的珍贵记忆，随着时代的久远和社会文化的变迁易被人们忘却、忽略或误读。当前良渚文化面临申请世界遗产的关键期，更需要深度挖掘良渚文化遗产所包含的文化内涵。特别是良渚文化所体现的良渚先民的智慧、文化的张力成为当前中国形成文化“软实力”的潜在资源。因此，如何将良渚文化进行创造性的转化，再通过媒体向受众进行系统而广泛的传播，被其他受众给予普遍认可，并愿意接受的文化形态，成为媒体传播的终极目标。随着数字技术的快速发展和广泛应用，以数字技术体系为支撑的新媒体环境为传统文化的传承带来了机遇和挑战。如何利用新媒体手段，促进传统文化的传播和创新，实现民族文化自信和自我价值的肯定，让中华传统文化的价值发挥最大功效，是文化发展必须思考的关键问题。为此，解构新媒体环境下良渚文化的传播困境对于树立国人的文化自信心，增强民族凝聚力起着关键性作用。作为中华文明的代表，良渚文化所体现的良渚先民的勤劳和智慧，以及文化魅力成为中国形成强大文化“软实力”的重要基础。本章从良渚遗址丰富的内涵和多元的学术价值入手，分别从两条技术路线加以引申：其一，通过历史学角度从时空维度研究良渚文化的本体价值，阐述良渚文化在早期文明中的历史地位；其二，从对后世的影响维度谈论良渚文化的传承价值，分析良渚文化遗址群落所创造的物质和精神文化成就对中国传统文化思想形成的影响。

第一节　良渚文化的概念、历史沿革和发展现状

良渚文化作为新石器时期的代表性文化，其并非属于完全的孤立性地域文化；相反，它是建立在已有的马家浜文化和崧泽文化基础之上。其中，马家浜文化因为嘉兴市的马家浜遗址而得名，距今6000～7000年，马家浜文化时期先民已开始种植水稻、饲养家畜，出现了原始纺织业。渔猎和采集成为食物的重要来源，但耕种农业已经占很大比重。而崧泽文化因为位于上海的青浦区崧泽遗址得名，距今5000～6000年，这一时期崧泽文化与周边区域的文化交流更加频繁，其特征表现为：犁耕农业逐渐取代耕种农业，手工业的专业化明显，遗址数量大幅增加，社会分化更为显著，出现了象征权力的玉钺，呈现出早期文明迹象，这为良渚文化的兴起奠定了物质基础。良渚文化则连接两大文化时期，距今4000～5300年，其稻作农业发达，手工业生产体系化，以琮、璧、钺为代表的玉器系统达到了史前玉文化巅峰，形成了玉礼制度。而其以神权、军权和王权为特点的政教合一的权力体系，则显示出古良渚时期，良渚地域已经形成了复杂的等级社会。良渚文化遗址区域所发现的以古城都邑和水利系统为代表的大型营建工程，进一步表明，随着等级社会的发展，良渚文化已经进入成熟文明和早期国家阶段。

一、良渚文化的概念

20世纪80～90年代，苏秉琦先生先后提出了著名的“古文—古城—古国”观点和“古国—方国—帝国”的理论，概括了“中国各区系由氏族到国家具有普遍意义的发展道路”，这对理解古代社会发展规律具有创新和示范意义。良渚文化所体现的正是新石器氏族部落群聚的社会发展道路，而这一群聚区所形成的遗址即良渚遗址。因此，良渚遗址是一个考古学文化概念，作为文化的中心，良渚遗址在物质层面上具有内化性，通过遗址群落的文明建设不断向外辐射，而非高级文化交流碰撞的漩涡。从地理位置来看，良渚位于杭州市余杭区，始设于清朝的一个老镇。良渚地区迄今为止发现了数百处遗址，并形成了一个庞大的有机整体，统称“良渚遗址群”或“良渚遗址”。由于其特殊地理位置，遗址群落的兴起和发展受到外来文化的刺激和

影响很小，风格上具有一致性，故遗址所展现的良渚先民的生产、生活全过程被命名为“良渚文化”。

良渚文化是新石器时代晚期，我国长江下游太湖流域的一支重要的新石器部落文化，以出土大量的精美玉器、石器和黑陶工艺为特征。良渚文化遗址由良渚人施昕更于1936年在良渚的野外调查和考古研究时最先发现（见图3－1），并于1938年出版了《良渚—杭县第二区黑陶文化遗址初步报告》一书，同时开启了良渚遗址考古研究的序幕（见图3－2）。

图3－1　良渚文化首次发现者——施昕更照片（良渚博物院）

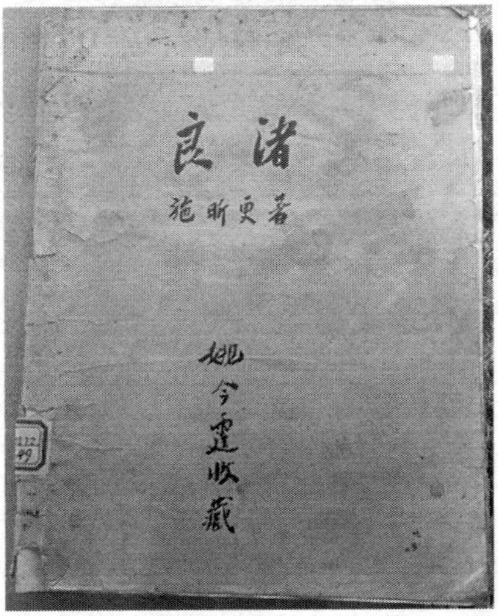

图3－2　良渚文化的相关最早著作（良渚博物院）

在当时，学术界一般认为良渚黑陶是山东黑陶传播影响发生的文化系统产物，并未将其单独列为一种独立的文化体系。而在1939年，梁思永先生已经注意到杭州湾区的黑陶有别于山东沿海和豫北两区出土的黑陶制品，其手工艺特征、设计理念等均体现出不可忽视的地域性差异，因而考虑将其作为独立的文化类型（见图3－3）。1959年，考古学家夏鼐经过对良渚遗址区域进行细致的分析，正式提出了“良渚文化”这一考古学命名，并将其作为环太湖流域新石器时代中华独立文化的重要环节。

图3－3　良渚文化代表性黑陶（摄自良渚博物院）

随后，在20世纪60年代，江苏、浙江、上海三省市先后发现了包括梅堰、邱城、崧泽等一批良渚遗址聚集群落。而这些遗址群落均广泛分布于环太湖流域，并以太湖流域为文化遗址聚集区域，形成了一个相对独立和封闭的地理区域。这进一步为将良渚文化作为一个独立性的文化体系，展现其独特的文化内涵奠定了地理维度基础。其文化研究的代表性发现整理如表3－1所示。

表3－1　良渚文化研究的代表性发现

时间	人物或事件	代表性发现
1936年	施昕更	首次发现良渚遗址
1938年	良渚—杭县第二区黑陶文化遗址初步报告	开启良渚遗址考古研究序幕
1939年	梁思永	杭州湾黑陶与山东沿海和豫北黑陶的地域性差异
1959年	夏鼐	良渚文化考古学命名

续表

时间	人物或事件	代表性发现
20 世纪 60 年代	江浙沪三省发现大批良渚遗址群落	奠定良渚文化的地理纬度基础
1986 年 1987 年	余杭反山、瑶山遗址发掘	玉器的发掘奠定良渚文化的物质精华
1992～1993 年	良渚莫角山遗址	良渚文化区域存在超级聚落中心
2000～2001 年	湖州钱山漾遗址发掘	钱山漾文化是良渚文化的延伸，见证中华文明起源

考古学家通过对遗址内出土的重要文物进行碳－14 的半衰期测定，从而有效地判断出良渚文化的存续时间。从时间维度来看，良渚文化距今 4000～5000 年，存续时间超过千年。良渚文化遗址地多个遗址群的大规模发掘，打破了传统文化学认为的将黄河中游作为中华文明起源的唯一性。良渚遗址出土的典型陶器包括 T 形足鼎、大口尊等，反映了良渚先民高超的制陶工艺水平。典型的良渚农耕石制遗器包括石犁（见图 3－4 左）、石镰刀、耕田器具（见图 3－4 右）等，这表明良渚先民已经将精美的石器工具广泛地应用于农业生产、生活。广泛的农业耕种已经成为良渚先民获得食物的主要来源。

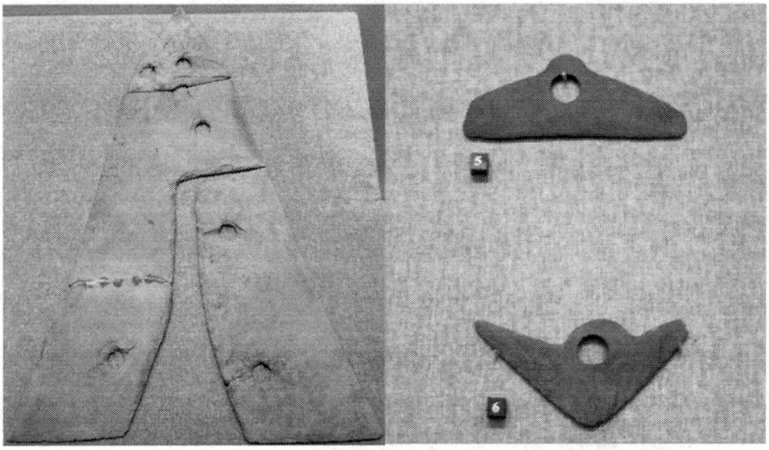

（左）石犁　　　　（右）石耘田器

图 3－4　良渚农耕石制造器

起初，良渚文化的内涵定义为：以鲜明的稻业作物为农业基础，其黑色陶器制作和石器制作都已经达到较高水平的文化积淀形式。随着1986年和1987年余杭反山、瑶山相关遗址的发掘，大量精美制作的出土玉器令人目不暇接，其制作工艺和精美程度，使玉器成为衡量良渚文化的重要物质精华（见图3－5）。

（左）神人兽面纹玉琮　　（右）龙首纹玉镯

图3－5　良渚文化中的玉器

1992～1993年，良渚莫角山中心遗址的相关考古研究证实：良渚文化区域存在着一个超级聚落中心，这一聚落中心是良渚文化的核心区域。随着近年对良渚考古工作的加快，多个新良渚遗址点相继被发现。良渚所在地半封闭的地理环境以及良渚周边的环太湖流域丰厚的物质资源条件为史前文化带的构建和新石器文明传承奠定了地理基础。从纵向对比来看，在该区域发现良渚文化之前已经发掘出了马家浜、崧泽等文化遗址，而相关遗址的文化成果则表明良渚文化是崧泽文化的延续。从横向对比来看，良渚文化与世界历史同一时期世界历史涌现的文明类型相比：包括尼罗河流域的湿加达时期、两河流域的早王朝时期、印度河流域的哈拉帕文明相比，时间跨越更长，文明成果种类更多，文化符号和文化特色更加鲜明。

而随着20世纪初，湖州的钱山漾遗址逐步发掘，以该遗址区域为代表的钱山漾文化和广富林文化也得到了“文化界”和“考古界”的认可，并且证明这两种文化遗址群是良渚文化遗址群的文化延伸（见图3－6）。由于这两种文化遗址群的总持续时间不足良渚文化存续时间的一半，因此，良渚文化作为新石器文化的代表，是环太湖流域史前文化发展的巅峰阶段，成为研究中国文明起源的重要组成部分，是中华民族多元文化发展和历史传承的见证。

图 3－6 钱山漾文化代表性陶鼎－湖州钱山漾文化遗址

二、良渚文化的历史沿革

良渚文化以犁耕稻作农业为核心的经济形态，达到了新石器时期经济发展的最高水平。良渚文化时期，石质工具的生产更加专门化，种类更加多样，包括斧、锛、镰、犁等，大大提高了生产效率。石质礼器以钺为主，其形态、质地和数量都有比较严格的等级区分。石料的选择既体现了石器加工的专门化，也体现了良渚先民对矿物的认知水平。良渚先民农业生产力水平较高，给社会成员提供了更多稳定的食物来源，而且释放出大量的农业人口，转而从事原始工商业活动，包括制陶和制作玉器、纺织等手工产品。社会分工的发展导致聚落群内部出现了商品交换，随后开始以交换为目的的生产，即商品生产。此外，由于良渚文化遗址所在地位于长江的下游、环太湖沿线，水网密布、水路通达，水上航运是一种重要的交通手段。因而，围绕良渚文化遗址形成了一个以水路运输、稻业种植、手工业制作、商品交换为基础的庞大的“良渚城市”。

（一）良渚古城遗址的地理分布和聚落群结构

2006年，庞大有序的良渚古城遗址包括古城城墙和宫殿设施等相继被发现。2007年，良渚城墙遗迹相继发现，并与以往发现的135处遗址点有机地组合成一个古城整体，标志着良渚遗址考古进入都邑考古新阶段。相比于北方多为石块砌成的城墙，中原的城墙多为夯筑，而位于长江流域的良渚古城城墙多为堆筑。当前良渚古城的考古研究表明，良渚古城由三部分组成，分别是宫殿区域、古城的内城、外城，包括土质墙体和内外城壕，墙体的平均宽度达到40～60米，底部全部铺垫石头（见图3－7）。城墙围绕“莫角山遗址”这个中心群落向外进行错综有序的层状分布，并依托雉山和凤山两座自然山体形成对角的制高点。城墙外部与瑶山、大雄山连接成一条直线，城墙周边则是丰富的河流和湖泊，为良渚城市居民的生产生活提供了丰富的水利资源。卞加山附近还建立了码头，形成了早期完善的航运体系，有利于物质资源的运输。这一整体规划体现了良渚先民较高的“天人合一”的文化思想观。

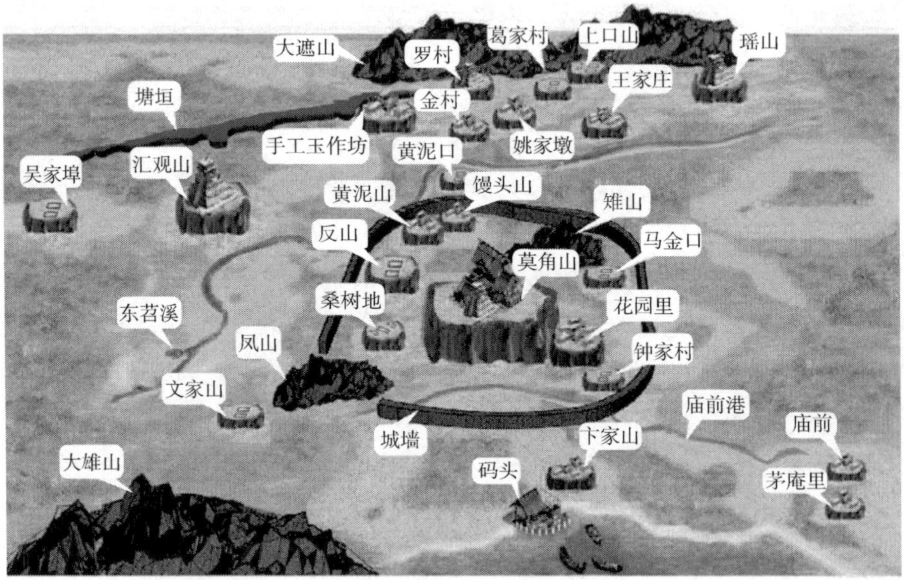

图3－7　良渚古城遗址及周边环境示意图

从地理分布来看，良渚古城位于良渚遗址的核心区域，总面积约为6.3

平方公里。除了三重结构外，古城外部还存在一个巨大的控水支撑体系，形成一个庞大的水坝系统，兼具运输、调节河道水位和灌溉等功能。据估算，古城外的水利系统以及生活聚落群面积超过100平方公里。这一核心区域面积在同时期属于世界上规模最大的城市系统。这一古城遗址的发掘表明，当时良渚已经属于都邑性质的文化聚集地，是中华民族文明的实证地。已经发现良渚古城内存在早期台地37座、晚期台地19座、古河道51条、草包泥堆范围37处、文化层范围25处等，这些群落共同构建了良渚古城有序的文化群体和水利枢纽系统。

根据对良渚遗址进行的相关测绘信息表明，良渚古城包含的郊区聚落包括塘山以东、大遮山和大雄山之间，总面积约为25平方公里。可见，古城的坐落范围较大，但分布较为集中。近些年相继发掘了茅山和玉架山遗址，进一步显示出良渚遗址属于典型的依山傍水的坡地形聚落。其特点在于：聚落群的结构和功能分类较为完善，包括良渚文化的稻田区及墓葬区和居住区等多个功能分区结构。良渚古城在布局和规划上更加规范，中国传统建筑学文化中的“居中”和“对称”的理念更加明确，这同中国特定历史时期的都城格局较为接近。良渚古城的系列发掘成果表明，良渚的统治集团拥有出色的组织和管理能力，通过建立结构有序的古城区域而形成良渚文化的权力和信仰中心，从而构建了强势的良渚文化并作为震慑性权威象征，进一步成为良渚聚落群内部相关政治领域中的文化控制工具。

（二）良渚文化的历史变迁

新石器时期，随着社会分工的加强，农业、手工业取得进一步发展，初等的良渚商业格局形成，良渚社会的阶层已经出现。良渚文化的代表性遗址包括良渚遗址、莫角山遗址、反山遗址和塘山遗址等。从良渚文化遗址群落现存的各类不同类型的陶器制品和居住区结构来看，良渚文化已经具有鲜明的社会阶层分化，一般分为王族、贵族和平民三级，而每一社会层级又可再分为更多若干子级。而从已经发掘的反山M12遗址的出土玉器类型和式样来看，更进一步佐证了良渚聚落区域王权的存在性。

首先，从良渚权利的象征物——玉器来看，琮、钺、璧等常规玉礼器数量庞大，但工艺制作具有一致性，这表明玉器已经成为良渚文化生活的重要区分和识别物，良渚文化群落已经存在一套共同的权力识别系统。其次，从玉礼器的种类、数量以及精致程度来看，玉琮数量最多，器型最大，形式多种多样，且几乎每件都有制作精美的纹饰，应属于图腾意义的礼器，是良渚文化玉器中最具代表性的玉器。良渚文化玉琮的特点均为上部大下部小，并施刻神兽人兽面纹。玉琮与墓葬和聚落的等级密切相关，是神权和天地宇宙观的重要象征，而类似的玉串造型新颖别致，则显示佩戴者属于氏族的首领或贵族。可见，良渚玉器的文化意义在于体现阶层的分化，特殊玉器的出土已经彰显出良渚都城内权贵云集。某些玉器拥有者的政治优势十分突出，这说明良渚文化中的显贵阶层一直保持着强者的态势，代代传承延续，从而主导良渚文化的历史发展轨迹。

良渚文化的兴起缘于典型的浙江地域性文化，包括崧泽文化、半山文化等数百年的文化积累和文化所衍生的物质和能量的蓄积，并在其基础上得以发展达到新石器文化的巅峰。良渚遗址出土的农具种类繁多，包括石犁、石镰等，农具的制作精良，进一步表明当时的农业工具制作技术已发展到较高水平。有趣的是，良渚文化遗址现有的石制工具都是“左利手”性质，这表明，新石器文化时期，在生产和实践过程中，通过人类左手的大量使用，使人们的创造力更加强，最终创造出独特的良渚文明，而位于临平茅山的文化遗址，则表明当时已经存在规划有序的稻田布局和完善的稻田种植结构。这些种植区域的发现，进一步说明良渚时期稻作生产方式和管理技术已经达到巅峰，是新石器时代中国乃至世界范围内具有先进性和代表性的文化成就。

从古城构建体系来看，马家浜文化至崧泽文化的先民往往只能在周边的山地从事相关的生产活动，由于山地灌溉不方便，影响了农业的发展。而良渚先民则将生活聚集地从山地迁移到山地的谷口和边缘，平坦的土地有利于稻业农业的发展，同时，也便于有效利用太湖流域丰富的水利资源。2015年，良渚遗址外围的拦洪水坝系统被发掘。整个水坝系统由自然山体的多段坝体组成，分为高坝和低坝两部分。相关研究表明，该水坝兼具防洪、调水、灌溉和运输等功能，并且与良渚文化遗址群落的经济和社会发展以及良渚古城的出现有着直接关系。从古城外围完善的水利体系看出，良渚先民创造性地利用环太湖流域资源环境，构建和规划了庞大而复杂的水利系统（见图3－8）。一方面，良渚先民们所构建的完善的水利系统便于对水利资源的有效利用，有利于良渚地区控制长江流域的水患，加强防洪导流和交通运输；另一方面，通过构建水坝系统便于将长江流域，特别是太湖流域的水利资源引入良渚古城内部，这为良渚古城内居民生活用水，农田灌溉等基本生产、生活提供了有效的水利资源保障，为良渚先民进行构建大规模人居环境，建造“台地”奠定基础。最终，借助缜密的水利系统，良渚先民们建立起一座以良渚古城遗迹为代表的庞大“良渚城邦”，这一城邦初步具备现代城市的雏形，诸如城邦包括宽大的城墙、高耸的祭坛、隆起的王陵和精致的贵族墓地，以及依山而建，错落有致的平民居址和墓区。

图 3－8 良渚古城水利系统

可见，良渚古城的整体布局、结构等都凸显了早期国家形态的都城气象，并成为良渚王国政治生态的一个地理象征。无论是良渚遗址所呈现的小小的稻田规划，抑或是规模宏大的水坝系统，都可以看出当时良渚社会复杂的组织结构和强大的社会动员能力。其间，由于良渚遗址群的政体统治的一致性较高，社会复杂化程度较低，不同聚落之间出现了一定的“聚落级差”，并逐步向聚落间规模梯次进行细化。而随着聚落级差的存在与扩大，聚落间出现的仪礼体系的趋同倾向也更加明显。这从玉器的形制、纹饰以及相应的配组中予以体现，如良渚文化玉器系统中典型的兽面纹同时出现在包括张陵山、罗墩、达泽庙等距离遥远的遗址，这表明聚落间经济和文化联系日益加强。随着良渚大型聚落群的发展，良渚文化聚落群逐步形成“萌芽状态的城市”，这一时期良渚文化的发展受到良渚城市内部的管理体系有效调节。

由于聚落级差的进一步扩大，必然导致聚落群体内部相关物质资源分配体系发生变动，聚落群体成员关系相处出现一定的问题，由于某种力量的强烈冲击，这种力量可能是外来文化也可能是天灾或内部动荡，进而引发聚落间的相互对抗、联盟和统合，而这种聚落级差则会进一步加剧社会阶层间的矛盾。随着聚落级差扩大化至良渚文化中期达到高峰。随着良渚萌芽城市的发展，良渚社会对资源的需求量急剧加大，以稻作农业为重心的良渚经济所释放出来的能量远远高于社会消耗的能量，使良渚文化发展逐步达到文化的巅峰，而这种聚落级差现象则一直延续到良渚文化晚期，社会资源的消耗急剧扩大，快速超过了稻业农业所能提供的物质资源和社会能量，最终引起良渚社会的聚落发展出现严重的不均衡，良渚文化聚落在从聚落群体向城市群体演进时出现严重障碍，引起社会阶层的急速分化，社会矛盾有所加剧。由于良渚所在地理位置的特殊性，良渚文化和黄河流域的中华文明的交集逐渐减少，在长期相对封闭的发展环境中，良渚文化也由昌盛逐渐走向衰退。可见，良渚稻业农业的繁荣带动了古良渚在经济、政治等各个领域的发展，为良渚文化的诞生和传播奠定了坚实基础。

（三）良渚文化发展的现状

自从1936年施昕更先生首先发现良渚文化遗址开始，良渚文化大量的陶器和玉器就成为良渚文化的重要代表性物品。迄今关于良渚文化的研究已经经历了超过80年历程。而自夏鼐先生首次提出“良渚文化”这一概念开始，良渚文化的认知也刚好经历了一个甲子年。王遂今先生在2003年的《吴越文化史话》一书中则论证“世界第一片丝绸”正是起源于长三角的良渚区域。现有考古学研究表明，良渚文化所涵盖的空间范围非常广阔，包括长江下游环太湖地区3.65万平方公里的区域面积。北至黄河流域以北的苏北鲁南地区，南至浙江的宁绍平原，东及太平洋西海岸的舟山群岛，西达皖赣境内都属于良渚文化的范畴。

良渚文化的核心区域位于杭州市的良渚镇和瓶窑镇，是良渚文化遗址所在地，即古良渚政治、经济、文化的中心。2007年12月，良渚古城被发现并公之于世，再现了大规模犁耕稻作农业，以丝绸、玉器等精美手工业为代表的商业萌芽等真实社会形态。从2007年对良渚古城全面勘察和对良渚周边文化遗址群落大规模发掘来看，文化研究也已经超过10年，针对良渚文化的研究则包括考古学研究、文化学研究、文物保护研究等。其主要经历了从单体遗址考古、遗址群考古、都邑考古三个阶段（见表3-2）。对良渚文化的研究也从单一研究遗址文化到多视角挖掘良渚文化演化变迁的过程。

表 3－2 良渚文化考古研究的阶段

时间	特征	代表性发现
第一阶段（1936～1985 年）	单体遗址考古	1936 年施昕更首次发现良渚遗址。1959 年夏鼐提出“良渚文化”命名
第二阶段（1986～2006 年）	遗址群考古	1986 年反山遗址发掘，提出遗址群概念。1987 年夏鼐提出“良渚文化”命名
第三阶段（2007～2018 年）	都邑考古	2007 年，确定良渚古城。2015 年，发现良渚古城外围水利系统

对良渚文化的系统性研究需要以良渚文化遗址为基本的研究对象并加以保护，而作为良渚文化遗址的最核心的保护区域，1992 年，良渚文化博物馆开始建设，并与 1994 年 5 月 28 日正式对外开放，其是传播良渚文化、发扬良渚文化的重要基地。2008 年 9 月，良渚博物院在余杭区良渚镇的美丽洲公园正式开馆（见图 3－9）。博物院的占地面积超过 4 万平方米，建筑面积达到 1 万平方米，展览面积也达到 4000 多平方米（见图 3－10）。

图 3－9 美丽洲公园

（左）良渚博物院外景图 （右）良渚博物院内景图

图 3－10 良渚博物馆

良渚博物馆内设多个展厅和功能区块，已经成为良渚文化的学术研究中心和资料信息中心，同时作为对外交流的重要平台集中展现良渚文化。2010年良渚考古遗址公园被国家文物局命名为第一批国家考古遗址公园，良渚博物院和美丽洲公园区块成功申报国家4A级景区。2012年，古城遗址和国家考古遗址公园建设正式启动并进展顺利。2017年8月，根据良渚遗址和良渚文化最新考古成果，良渚博物馆最新陈列改造升级，并于2018年6月重新对外开放。

2016年，人民教育出版社出版的全国初中一年级《中国历史》教科书中，也首次将“良渚文化”作为独立章节，通过具体的文物实例和考古成果向中学生介绍良渚古城并传播良渚文化（见图3－11），并根据翔实的考古学证据证明“良渚遗址是实证中华五千年文明史的圣地”。

图3－11　良渚文化考古成果进入中学教科书

此外，国际著名考古学家伦福儒勋爵在多次对良渚文化遗址进行深入研究和考察之后，针对良渚文化所展示的良渚古城遗址群、稻业文明、玉器和陶器制造等具有独特社会群体文明属性进行分析，并撰文指出“良渚是东亚最早的国家社会”，这标志着西方主流文化学界和考古学界对良渚文化遗产价值的广泛认可。

第二节 良渚文化的传播方式和策略研究

文化的传播，又名为文化扩散，其实质是将文化从某一社会群体扩散到另一社会群体的互动过程。根据传播途径，文化传播一般分为直接传播和间接传播。前者通过具备文化的群体经由商旅、军队等人际传播途径将某些精神和物质方面的文化内容予以扩散；后者指的是某一社会群体通过媒介进行文化扩散和知识的共享。一方面，文化扩散的效率往往与文化自身的实用价值、难易程度、时代适应性等特征密切相关；另一方面，传播媒介的特征往往决定了传播文化的特征。从文化传播的方向性来看，文化传播的分类一般包括两种类型：一种是纵向传播，即表现为同一文化体系内知识、观念、价值观规范等的历史传承，也称为文化传递；另一种是横向传播，即为不同文化体系或文化群落间的相互借鉴、文化交流和影响等，也称为文化融合（见图 3－12）。

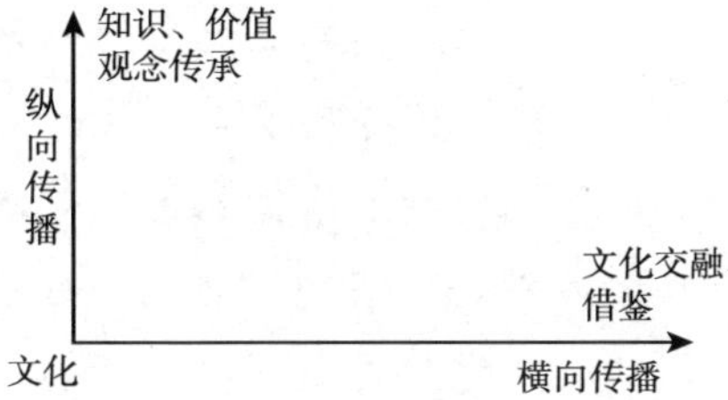

图 3－12 文化传播的方向性和分类

美国著名传播学家哈罗德·拉斯韦尔在《社会传播的功能与结构》一文中，首先提出了传播过程及其五个基本要素的“5W”模式，分别是谁传播（who），说了哪些内容（says what），通过什么渠道（in which channel），对谁说（to whom），取得什么效果（with what effect），即传播学中所包含的传播者、传播内容、传播媒介、受众和传播效果五大要素。“5W”模式首先界定了传播学的具体研究范围和基本内容，为把握信息传播规律提供相关依据。

基于“5W”模式，本书认为，在文化传播过程中存在着重要的信息反馈（feedback）机制，根据传播效果反馈指向传播者，最终形成一个循环过程（见图3－13）。

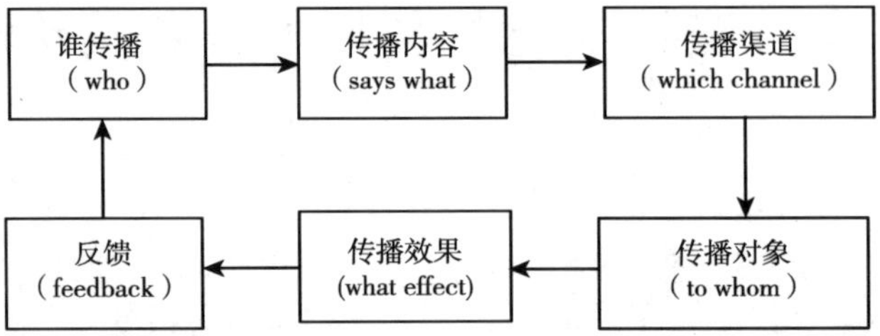

图3－13 基于哈罗德·拉斯韦尔经典“5W”模式理论下的5W循环模式

因此，在分析良渚文化传播特征和模式时，首先需要明确良渚文化传播的“5W”基本要素：其一，传播主体。良渚文化的相关传播者，包括良渚博物馆、良渚各级文化部门、政府机构等。特别是政府机构等应做好文化“把关人”的角色，对良渚文化内容进行认真审核，确保良渚文化的信息传播内容既要涵盖文化的核心内容，又要符合社会主义的主流价值观。其二，传播内容。随着良渚文化遗址相关资源的发掘，良渚文化需要传播的内容不仅仅包括相关的良渚农耕文明：即良渚遗址发掘的大量陶器、精美玉器、庞大的水利系统、规划整齐的稻业农业结构，更重要的是传播良渚先民在制作大量精美玉器、构建良渚水利系统和古城体系时所展现的勤劳和智慧。其三，传播媒介。传统的媒介可以借助电视、广播、报纸等媒介，广泛介绍良渚文化的发展历程和现实意义，特别是良渚文化对当前社会政治、经济、文化的影响。其四，传播受众。良渚文化的受众不仅包括前往良渚博物院进行参观学习的游客，还包括对良渚文化感兴趣的社会人士、青年学生、文化群体等。其五，传播效果。文化的传播不同于其他信息的传递，其对受众的影响作用更多地体现在文化价值对人的精神层面的熏陶，对受众的社会文化价值感知和历史文化价值的认同。通过传播良渚文化，更多地从文化层面对传承良渚精神乃至拓展今天的浙江精神奠定了文化理论基础。

一、目前良渚文化的传播方式

良渚文化遗产的发展集中体现了中华民族在良渚地域的独特创造力，这一文化遗产，是人类共同的财富。迄今为止，良渚遗址已经6次入选“全国十大考古新发现”，1次入选“世界十大考古新发现”。因此，良渚文化遗产的传播必须采取“以人为本”的方式，通过人们乐意接受、理解的方式自然地进行传承和传播。当前良渚文化遗址群处于科学保护阶段，集旅游观光、文化展示于一体的美丽洲公园及良渚博物院则成为传播良渚文化的前沿阵地。良渚遗址的历史价值和社会价值已经日益受到人们的重视。浙江省政府已经尝试通过多种媒介途径包括电视、广播、报纸等形式，通过翔实的文字和生动的图片说明传播良渚文化，展示良渚古城精美的城墙结构和令人惊叹的水利系统，通过一系列的文化传播，宣传良渚文明取得的举世瞩目的文化成就。

1. “美丽洲”的概念是对良渚文化的继承与发扬

对良渚文化的继承首先需要理解良渚遗址群的自然环境，并在此基础上尽可能地模拟良渚时期良渚先民的生产和生活状态。良渚古城选址依山环水，在建造时采取高超的垫石碓筑技术和内外环通的水系格局，使整个古城空间体现出井然有序的聚落层级关系。这些文化遗址体现了中华文明的“多元一体”的发展特征。目前，杭州市余杭区正在打造的“美丽洲”意为“美丽的水中绿洲”，即良渚文化遗址所构建的美丽的公园。杭州市政府希望将良渚文化遗址建立成一个远离污染、山清水秀、适宜居住的世外桃源。这与古代良渚先民所居住的环境极其相似，也是现代人向往的理想居住状态。良渚悠久的历史和深厚的文化底蕴，在现代人绘制“美丽洲”的蓝图下得以传承和发展。现代人和古代人对于美好未来共同探索与追求，对良渚文脉的传承起到极大的推动作用。

2. 良渚博物院成为集中传播良渚文化的核心阵地

良渚所在地——“大美丽洲”的概念在逐步实现，而良渚博物院位于美丽洲公园内，是展示良渚文化最为集中的地方。目前对良渚文化的传播更多的是以良渚博物院作为重要的文化传播窗口，博物院内藏丰富的良渚文化器物，包括陶制器皿、玉器、木器、石器，还包括良渚文化时期的重要农作物、动物遗骸等资源以及水利系统、城墙体系复原等。博物院借助传统的纸质媒介如宣传册以及多媒体影像资料等向受众进行良渚文化知识的传播和普及。而随着互联网的发展，良渚博物院也建立了相关的文化宣传网站，介绍良渚遗址的最新考古发现和学术研究现状。当前，良渚博物院已经成为向世界展示传播良渚文化的重要窗口和展现杭州独特韵味的文化名城的重要文化阵地。通过对良渚文化的传播，在提升余杭文化软实力、促进杭州文创产业发展和文化村建设方面具有重大意义（见图3－14）。

（左）良渚博物院外部景观　　（右）良渚博物院内部景观

图3－14　良渚博物院景观

良渚博物院共分四个展厅（见表3－3），由英国 David Chipperfield 担当总设计师，建筑非常简洁，突破了具象形态的束缚，其设计理念是“一把良渚玉锥撒落在大地上”，体现了艺术与自然、历史和现代的和谐融合。其展览主题为习近平总书记提出的“良渚遗址是实证中华五千年文明史的圣地”。

表3－3　良渚展厅内容及其代表性特征

展厅名称	内容	特征
第一展厅 水乡泽国	湿地王国的崛起和发展	高度发达的稻业农业制陶纺织琢玉手工业
第二展厅 文明圣地	良渚古城先民的生产方式和生活方式	良渚古城完善空间结构复杂的水利系统
第三展厅 王魂国魄	良渚社会的等级和政教合一的国家形态	精美玉器、陶器代表各种农业石制工具
尾厅 良渚寄语	多处良渚遗址图片良渚文化的传播图片	良渚文化的进一步发掘文化传播、知识共享

第一展厅为水乡泽国，主要讲述了湿地王国的崛起和发展，追溯良渚文明所形成的高度发达的稻业农业和包括制陶、纺织、琢玉等手工业。第二展厅为文明圣地——良渚古国，用模拟实景的方式再现良渚先民的生产形态和生活方式，详细展示了良渚古城由宫殿区、内城和外城所构成的三重向心式

结构，以及远郊大型村落、祭坛墓地、环壕聚落等，并对良渚古城西北的水利系统中的谷口高坝、平原低坝和山前长堤等进行了详细的阐释。第三展厅为王魂国魄，展示良渚文化的重要器物，特别是精美的玉器，包括玉琮、玉钺、玉璧、三叉形器、玉鸟、玉锥形器、龙首纹玉镯。这成为古良渚权力、礼制、信仰的物质载体，用以对良渚先民进行身份识别和等级区分，反映了良渚社会是具有政教合一特征的国家形态。其他的展品包括刻符陶罐、陶鼎、套网坠等工艺复杂的陶制品和石犁、石刀、石纺轮在内的石制工具，反映了良渚社会的高度发达的农业和手工业文明。尾厅为良渚寄语，以多处良渚文化遗址图片为核心内容，预示着良渚文化进一步的发掘和发展。临展厅更多的宣传良渚文化近年的文化传播情况。

良渚博物院为现代人了解良渚文化、感受良渚文明营造出特定氛围，通过逼真再现古良渚人民的生活情景，使古代文化和现代文化之间碰撞出火花，从而不断汲取良渚文化的精髓并加以创新，包括进行对外进行的有关良渚玉器巧夺天工的集中展示、良渚文明发展历程的相关展示，以及有关古国遗韵的陶器、石器等展览。特别是通过多次的良渚玉器展览，再现了良渚时期用玉的明显等级，而流传至今的良渚玉琮更是传播四方，各种样式精美绝伦并对后世玉器造型设计产生了深远的影响。延绵至今，使良渚文化的文脉源远流长，也对中国文明的发展和传承产生了广泛的影响。

二、良渚文化传播的不足

（一）受众对良渚文化的认知度不够，文化感知力不强

以良渚博物院、良渚遗址群落为代表的良渚文化展示主要为考古成果的社会化、普及化，侧重点为对良渚现有出土文物的物理形态的静态展示，介绍良渚文化的发掘成果，缺乏对当时古良渚整体生活状态的系统性传播，包括古良渚时期的生产、生活、文化交流等。

首先，观众参观良渚博物院和良渚遗址群落等进行文化熏陶时，仍停留在对单纯的三个展厅的器物的观赏层面，而非真正融入良渚文化当时的生活环境之中，提升到良渚文化感知层面，难以直接感受良渚文化本身的意义，以及当时良渚文明给世界带来的文明曙光。

其次，受众只能单纯地通过博物院的浏览方式参与对良渚文化的了解，

而这些信息的获得相对比较滞后，很多信息还是很多年前的良渚考古研究，缺乏最新的良渚考古发现，即良渚文化传播的即时性较低。

最后，良渚文化在进行传播时更多的是良渚博物院通过图像、文字辅助声音媒介单向地向受众进行相关的信息传播，包括良渚文化的渊源、历史沿革、现实意义和未来发展等。受众在欣赏到精美的玉器、陶器时，一方面，受众难以从社会、历史、文化等不同角度全方位地审视这些展品，并了解这些展品背后的文化故事；另一方面，受众难以直接和展馆方进行沟通，更多地了解该历史遗迹的背景、来源等信息，也无法有效地同其他受众直接进行文化传播和交流，即文化的互动性较差。

此外，由于许多良渚文化展品特别是含有很多图腾的精美玉器类展品，如玉琮、玉璧等往往代表了当时的良渚社会阶层分层状况，体现了阶层的分化和国家形态等内容，但其内容和现代社会文化差异非常显著，受众对其社会认知度较低。例如，体现良渚文化阶层差异的某些文化器具，“良渚文化带流阔把陶壶”在湖东地区流通等级相对较高，而在嘉兴地区主要流行于社会基层群体，这就体现了不同区域的文化阶层差异性。由于良渚出土的器皿的文化因素相对多元，不同区域的器具制作工艺等各不相同，其反映的文化内容也各不相同。因此，良渚文化的所在历史背景和文化本身的意义难于直接让受众感知。

（二）良渚文化传播方式单一、文化特色不足

根据对良渚博物院及其周边文化村的实地调研显示，每年前往良渚博物院进行文化参观的游客总数近百万。然而，来参观良渚博物院和良渚文化遗址的多以本地游客为主，占比超过 50%。其次为上海和江苏等地游客，占比超过 30%。其他各省市地区的游客分布则较为广泛，在全国各地均有游客。一方面，说明良渚文化对本地游客的吸引力较高，游客愿意近距离感知良渚文化的魅力，接受良渚文化的熏陶。特别是很多本地游客每年多次前往良渚博物院，表明良渚文化本身含有较高的文化魅力，能够吸引各方的游客关注。另一方面，说明当前良渚文化对浙江以外的观众吸引力度较低，这从一个侧面反映了良渚文化遗址相比很多知名文化遗址，其文化传播的受众面较为局限。虽然前来参观的公众对良渚文化遗址及其出土的精美玉礼器赞誉度都极高，但受限于当前对良渚文化的传播方式和传播质量，公众对其的社会认知度较低。

首先，从地理空间看，良渚文化传播由文化中心向四周扩散，这一文化扩散具有典型的溢出效应（spillover effect），即文化接受地区离良渚文化中心越远，对该文化的受众吸引力越弱，文化的认知度也越低。其次，当前良渚文化更多的是政府通过电视、广播、报纸、杂志等以官方推进的形式对文化内容进行垂直传播，即政府—媒介—受众，文化传播的路线较为单一，缺乏从受众出发进行良渚文化的主动传播。由于传统媒介受限于文化的传播方式、传播内容、受众群体等，并且与某些政策因素，导致传统媒介对良渚文化的宣传力度不够，受众对良渚文化的认知度较低。最后，良渚文化在杭州乃至浙江以外缺乏具有吸引力的文化传播活动。虽然杭州已经建立起良渚博物院官方网站和与良渚文化有关的文化宣传网站，但并未类似于北京故宫博物院等定期举办大量的大型文化宣传活动，其社会普及度和群众参与度仍然较低。而由于良渚文化处于新石器早期，其文化内容与现代的文化发展差异度很高，故在传播良渚文化时，对良渚文化本身的历史意义和社会价值的宣传力度不够。相比于其他类型的文化传播，包括良渚文化早期的崧泽文化和良渚文化几乎同时期的中原文化等，其文化传播的纵向传播（文化交融、借鉴等）差异性或者横向传播差异性明显不足，受众无法通过差异性传播直接感受到良渚文化真正的文化特色和文化魅力。

（三）良渚文化相关知识的传播与共享等未满足受众的实际需求

在良渚文化传播过程中，良渚博物院、良渚文化村等也经常举办许多良渚文化精品展览，让更多的人有机会走进良渚先民们的世界，了解他们的生活环境、生存状态以及文化创造过程，在文化传播过程中，虽然已经设计了部分良渚文化的交流互动环节，但互动内容较为单一，互动的对象也较为局限。在互动中仍以小朋友这一群体为主，且互动的类型大多为简单的游戏内容，缺乏深层次的文化互动内容；成年人能参与到其中的文化互动和交流几乎没有。这些都表明良渚文化知识的传播相对局限。而在文化传播中，更多的是通过传统媒体特别是电视媒体传播良渚文化，例如，2004 年中央电视台播出《考古中国—消失的良渚古国》；2009 年，凤凰卫视播出《良渚文化：像玛雅文明般神秘消失之谜》；2016 年，中央电视台播出《再探良渚：揭秘史前水利工程》；2018 年，中央电视台《国家宝藏》节目开始宣传良渚玉器，这些文化传播从不同的侧面反映了良渚文化的方方面面。然而，受限于传统媒介的传播方式，当前对良渚文化知识的传播难以做到精准和有效，并未能满足年轻人中对文化的实际需求。

而作为网络时代信息传播的主力军，“90后”乃至“00后”年轻群体的传播实力不容小觑，而且日益成为传播的主力军。由于文化本身具有内隐性特点，文化知识的传播受到特定条件的约束，特别是当前良渚文化的传播更多的是在政府层面通过电视媒体进行文化的宣传，而受限于电视媒体的传播方式，很难实现良渚文化传播互动。虽然在具体文化传播中有意识地向低龄儿童进行传播，但是由于当前传播技术手段所限，难以根据受众年龄、职业等做到差异化知识普及，以适应年轻一代对良渚文化认知需求。文化传播中最有效的工具当属广告工具，即针对目标受众直接进行信息的传递，吸引受众的关注。在传统媒体上进行广告传播的传播成本较高、传播周期较长。由于文化本身信息量大、需要传播的内容较多，因而更需要通过新媒体进行广告定向投放。

三、利用新媒体广告进行良渚文化传播

（一）新媒体广告的概念、特点、文化传播效用

新媒体广告，体现在以数字传输为基础、可实现信息即时互动、终端显现为网络链接的多媒体视频上，有利于广告主与目标受众进行信息沟通的品牌传播行为与形态。新媒体广告把传统媒体的广告与互联网、手机、智能终端等新兴媒体进行有效结合，从而衍生出不同形式的广告信息，再通过不同的平台传播给广告受众，具有数字化、受众互动性和终端个性化特征。新媒体广告在视觉色彩的传达上要优于其他类型广告，而在内容上更加注重原生态化。

相比于传统媒体广告，新媒体广告具有显著性特点：（1）互动性。由于新媒体打破了原有传统媒体的单向传播模式，广告受众和广告发布环节可以进行深入互动，也可以带动更多人和新媒体广告发布者之间进行良性互动。在互动性上新媒体广告可以让目标客户和受众更加具有参与感，通过受众的参与提升对广告内容的信任度和接受度。（2）多样性。新媒体广告的表现方式具有多样化，既有平面新媒体广告，也有网络新媒体广告，还有基于传统媒体之上的新媒体广告等。新媒体广告的受众层次多种多样，年龄层、收入

层、文化教育层面都有所差异。新媒体广告的传播渠道也多种多样，包括直接传播渠道、户外渠道等。新媒体广告多元化的特点给不同用户提供了不同类型的广告内容，整体的宣传曝光范围更大、更广。（3）信息和内容的海量化。新媒体广告传播既突破了固有传播时间和空间的局限，也突破了具体形式的限制，不同新媒体广告的差异不再明晰可辨。其往往根据用户的阅读习惯，在用户经常阅读的平台非常自然流畅地植入广告，特别是对于文化类广告，更需要具有用户的实际需求和阅读习惯进行推送，将文化信息精准的投向目标受众群体。

一方面，新媒体广告能够提升信息的传播价值，特别是面对拥有悠久历史传承的良渚文化，其文化内容广、信息量大。新媒体广告不仅可以与受众即时互动，更能对受众的反应进行监督反馈。特别是在内容方面，新媒体广告更具有娱乐性和创意，可以制造更多的话题，通过信息引导作用，加深人们对良渚历史沿革的认知，促进受众主动参与和分享相关历史文化知识，从而使信息在传播过程中产生“蝴蝶效应”，将良渚文化这一杭州特色文化向全国乃至世界推广，成为体现杭州精神的文化符号。另一方面，新媒体广告在良渚文化传播中具有文化营销价值。通过新媒体广告和社会化影响手段相结合的方式，能够帮助新媒体广告更好地推广良渚文化，特别是与良渚文化有关的文化创意产业，提升受众的购买欲望，这为良渚文化产业的发展奠定了实践基础。

（二）如何运用新媒体广告进行良渚文化传播

在新媒体广告传播的大环境下，良渚文化植入的基本属性是其文化性和社会性，不仅仅是简单地拼接新媒体广告来传递良渚文化信息，还寄望于新媒体广告与大众的密切联系来处理传统文化和大众信仰的关系。新媒体广告提供了促使良渚文化介入当代社会并使其描述与解释社会的途径，从传播学角度来看，它不仅是数字编码的世界，广告的自主性、创造力将良渚文化加以加工和组合设计，在促成“文化传媒化”的同时，促使“文化现代化”。另外，良渚文化社会变迁和发展过程中伴随着良渚先民文化特征的改变，但先民们的共同心理“勤劳”“勇敢”“奋斗不息”却永远存在，为了获取更多的生产资料和生存空间，人民需要将人类积累的所有经验和智慧加以分享和转化，这成为信息符号传播的时代特征。为此，通过新媒体广告能够向受众有效展示良渚文化所体现的公共价值，并使之成为文化竞争领域的代表。代表当前时代最具普及性、便捷性、时效性的信息传递方式，而良渚文化也能在新媒体广告中最大限度地发挥自身卓越的市场参与属性，依靠新媒体传播重新影响国人对传统文化的感知、态度和评价。

1. 以良渚文化为背景创作新媒体广告

在新媒体技术的支持下，广告的表现手段变得更加多样化，其能够将传统媒介中相互分离的元素如文字、图形、声音、影像等有机地结合在一起，并进行信息的传输和展示。在新媒体环境下，新媒介互动性广告形式让受众接收信息的方式得到了空前解放，让受众有更多的选择性与参与性，并且在一个多媒体的环境下，使这种交互设计给受众提供更多方位的感官体验。而互动方式也更加多样，其可以通过人人互动或个性定制互动等形式，直接激发受众对文化的参与和感知欲望，让受众能更有兴趣地去了解相关的文化内容。特别是新媒体广告以其短小精悍、故事性强、资金投入少等优势，具有极强的商业价值和广阔的市场前景。新媒体广告的创意来源应在保护良渚原址的基础上，注重对相关历史故事的深入发掘，再结合良渚文化的背景进行二次创作，借助新媒体广告的多种平台进行投放，更有效地吸引对良渚文化感兴趣的受众，加深人们对良渚文化的理解。

2. 通过抖音短视频等新颖的互动方式增强与受众的交流

由于良渚文化内容较为丰富，相关内容多以考古成果为依托，因此在一定程度上对受众的吸引力不足。清华大学尹鸿认为："以前影视剧是仅供被动观看的文本，现在它更多地成为大家主动诠释和分享的话题，这是互联网时代社会心态的转变。"为此需要采取多种有效的互动方式吸引受众的关注度，并让受众积极参与到良渚文化的传播中去。抖音短视频是时下最热门、深受年轻人喜欢的一种互动方式和新的直播交流体验，新媒体广告的创作，可以考虑与"抖音"相结合，使受众在观看以良渚文化为创作背景的新媒体广告时，通过新鲜、即时、参与感强的方式，提升大众对良渚文化的兴趣，尤其是年轻群体的关注，通过短视频，将良渚文化的各种信息扩散开来。

在对良渚文化短视频进行制作时要进一步创新传播形式，丰富相关的文化传播话题，促进公众积极参与。特别是在传播手段、内容把握、细节挖掘等各方面应当充分考虑年轻受众的特点，将良渚文化知识的传播做到趣味化、年轻化、互动化，有效连接良渚文化遗产与年轻人，为良渚文化的传承注入新鲜血液。通过短平快的直播和微视频的深度传播相结合，既让更多人了解良渚文化遗产的过去，也让人更加了解良渚文化遗产的现状和未来发展。同时，通过“抖音”短视频定期举办的良渚文化展览活动向受众进行直接播放，让公众直观、形象地了解良渚文化遗产的具体内容，了解良渚的玉文化和陶器文化。还要积极加强与互联网企业合作，收集人们自发拍摄的保护良渚文化资源、传播良渚文化知识的相关记录资源，探索建立全民良渚遗产共建共享机制和文化传播平台，激发全民记录、全民创造与全民共享良渚文化的良好氛围。最后应建立良渚文化社团和志愿者队伍，将网络互动和线下互动相结合，推动形成人人传承发展良渚文化的生动局面。

3. 利用微博、微信等新媒体广告载体开辟良渚文化市场

虽然目前已建立“文化良渚”的腾讯微博，但内容大多以政府新闻为主，对良渚文化内涵并未深入挖掘；且仅有万科房产良渚文化村的公众微信号，无良渚文化的官方微信平台，所以亟须建立并与网友即时互动，选出“大 V”用户，定期发布有利于良渚文化的微博和微信内容，加深良渚文化知识在受众心中的影响力。采用线上线下相配合，传统媒介和网络媒介共同发力，文化界专家和广大民众积极互动，共同营造一种和谐的、良性互动的网络传播氛围。同时，需要契合互联网不断创新的精神，从各方面综合提升传播效果。其一，善于运用网络创新性元素，包括小红书、一点资讯、知乎等突破固有文化传播的思维，不断改进良渚文化的传播方式，使良渚文化传播更加多元化。其二，树立崭新的文化传播风格，尽可能地让良渚文化元素显得更加时尚化、流行化，如将玉器的人兽面纹融入现代时尚。利用微信、微博、VR 虚拟现实技术等传播方式，模拟古良渚文化生活场景，改变人们对良渚文化的具体体验方式，定期向受众推送良渚文化信息，配合相关主题活动，提升良渚的知名度和美誉度，扩大良渚文化的感召力和影响力。

4. 通过线下和线上的交流，整合传播良渚的文化资源

在对良渚文化传播时应当加强对网络资源的整合。特别是应当抓住 2019 年申遗契机，一方面，加强对线上以政府为主体创建良渚文化的官方微信平台的有效利用，定期针对不同主题进行文化资讯的推送，更全面、系统地向受众传播良渚文化。在介绍相关良渚文化史料时不只满足于单一的平面、影像资料宣传，注重与观众即时沟通与反馈，让每位网络受众成为自媒体传播的一环，通过自身及群体力量传播，对良渚文化的申遗起到推波助澜的作用。

另一方面，充分利用以良渚博物院为核心的良渚遗址保护群落，通过定期举办良渚文化论坛、良渚产业论坛、良渚考古成果展等多种文化形式进行文化接力，促进良渚文化传播的良性循环，通过网络造势，加强现场与参与人群的交流，拉近与人们的距离，使文化传播更加真实可感，让人们更深入地了解良渚文化内涵和精髓。特别是在网络传播良渚文化时，传播者需要思考年轻人的口味，理解年轻人的思维方式和接受方式，避免利用网络空间对良渚文化进行简单的“文化晾晒”，机械死板地传播良渚文化；相反，应当认真研究网络受众的心理特征和兴趣点，找到灵活多样的传播方式，力争让良渚文化传播显得清新活泼又滋润人心。

5. 借助话题性和病毒式传播，培养公众对良渚文化自觉的传播意识

当年韩国“风纳”遗迹被发现后，曾在网络和大众媒体上引发开发和保存的国民大讨论，最终政府决定保护那一范围广大的地区。虽然人们对良渚文化遗址的保护已经有了一定的共识，但由于对这一文化遗址的历史文化价值和社会价值推广力度不够，良渚文化并未成为公众的热议话题。特别是新媒体时代，人们的时间和注意力都是“碎片化”的，很难集中整块时间对某一内容进行特别关注。因此，应该充分发挥网络平台的优势，借助新媒体广告的多种表现手段，从考古学、文化学、旅游学等多角度进行考量，围绕良渚文化制造具有话题性的议题，再通过信息时代特有的传播渠道和途径，提升良渚文化的当代社会价值，让良渚文化在公众心目中慢慢升温，并走进公众视野成为公众愿意去主动搜索和传达的信息。在文化传播过程中，要对传播的良渚文化内容细加甄别，使良渚文化在接地气、聚人气、成风气的同时，成为杭州城市文化生活不可或缺的真正养料，从而推动杭州乃至浙江的精神文明建设和社会发展。

6. 建立相关的文化用品网络商城，开展网络营销

杭州作为历史文化名城，在大力加强创意经济的同时，更应将传统文化融入其中。以“良渚文化”作为创意源泉，将杭州精神植根于良渚文化传播中，特别是良渚文化中所体现的劳动人民的创造性和智慧，更是杭州这座城市必不可少的文化符号。因此，政府需要进一步将文化创意和经济发展融于一体，打造良渚文化有关的电子旅游平台，充分发挥新媒体广告的作用，整合文化资源，进一步发展“互联网＋文化”的新型文化产业，推动杭州这座创意城市的文化发展。

总之，在新媒体时代，文化信息碎片化的传播在一定程度上减弱了良渚文化的传播效果。良渚文化作为中华文明曙光的见证是历经历史长河遗留下来的精粹，因此，在对良渚文化传播的前提首先是要让人们意识到良渚文化知识学习的重要性，增强大众学习良渚文化知识，了解良渚先民生产、生活方式的意识。这种学习不是一定要将传统的内容机械地照搬照抄；相反，应当通过新媒体广告或其他手段将良渚文化融合进入人们的现代生活，既能丰富人们的日常文化生活，又能与当前社会发展相适应，在实践生活中不断得到推广。特别是针对不同受众的文化差异性需求，通过新媒体进行有效的文化定制，提升受众对文化内容的感知和认识。

第四章

新媒体广告在良渚文化传播中的文化考量

当今时代具有开放性、多元化和合作性的特点，这一特点对媒体传播和营销有了新的要求。新媒体的出现顺应了时代的发展，其传播和营销打破了固有的时空范畴，构建了一个全球化的开放对等的商业社会，传统文化通过新媒体传播能够打破地域、时间、阶层以及文化的限制。在新媒体环境中，广告的符号机制呈现出主体多元性、内容生产的精准性和个性化、传播生命周期短暂性等新特征。故更需要对新媒体广告的文化传播进行系统性量化分析，即文化考量。因此，文化考量是对文化的社会作用和传播效果进行有效衡量，评估和审核文化对社会经济、政治等的具体价值。其实质是确保在现有社会文化体系中保持理性的态度，确保文化传播的社会价值，体现社会主义先进文化的发展方向。加强文化考量的目的是培养民众的高度文化自信和文化自觉，也是实现中华民族伟大复兴的强大精神力量。其核心是坚持弘扬中华优秀传统文化与吸纳西方先进文化的有机结合，拓展文化的传播途径和传播方式。

因此，利用新媒体广告，良渚文化的传播范围、传播对象、传播的精准性等都发生了巨大的变化。一方面，新媒体广告的广泛应用导致受众集媒介生产者与接收者于一身，使用户所生成的媒体内容（UGC）进一步融入受众的生活中，广告内容的真实性和传播媒介的虚拟性、线下和线上逐渐融为一体；另一方面，新媒体广告创造了极大的商业价值，通过用户生成内容的网络传播带来了新的市场、新的模式，为良渚文化传承奠定了传播基础。而在媒介环境巨变中，我们更应当拓展文化视野，改变思维方式，创造性地去理解新媒体内涵、理解新媒体广告的传播方式，并且重新考量新媒介中的良渚文化形态，挖掘良渚文化所蕴涵的商业价值，以求在瞬息万变的新旧媒体交叠和融合中尽可能地规避风险和把握机遇。

第一节　新媒体广告的价值属性和传播模式

在新媒体时代，传统媒体需要适应正在重塑的媒体价值和分类标准。新媒体的实质是一种“基于资源稀缺性的媒介”，即通过一对多的信息传播，中心发布，统一把关相关文化信息的流动。从传播对象来看，在这一环境下，所有的一元主体、单向传播全部向多元主体的互动参与转向，一方面，通过cooki、数据挖掘等技术手段，确保目标用户的精准定位，加强文化信息传播的精准性；另一方面，通过一对多的传播方式，不断提升受众规模。而从传播内容来看，新媒体广告与传统广告的本质相同，也是进行信息传播的渠道。对于良渚文化受众而言，新媒体广告是对良渚文化遗址的器物、遗迹和环境的综合展示，其感兴趣的是良渚文化内容的艺术价值；新媒体广告以其内容富有价值、呈现形态新颖，且淡化广告的商业功能而呈现正向的文化扩散效应。而对广告商而言，新媒体广告需要在商业价值和艺术价值之间寻求动态平衡状态。因此，提高艺术性是新媒体广告进行良渚文化传播的长存之道。广告商和广告设计者可以通过设定良渚故事进行文化营销，从不同层面丰富新媒体广告的文化含义、增强良渚文化感染性等途径提高新媒体广告的艺术价值。

一、新媒体广告的传播价值

新媒体是一个宽泛的概念，是利用数字技术、移动互联网等渠道向用户提供信息和娱乐服务的传播形态，其实质是“互动式数字化复合媒体”。Web 2.0 时代是新媒体发展的崭新时代，技术的进步使媒体格局由“碎片”走向“聚合”。一方面，各种媒体包括传统的电视媒体、广播媒体、纸质媒体与网络媒体的融合越来越显著；通过网络媒体能够直接获得其他媒体的内容，如在线视频、在线广播、在线电子书等；另一方面，各类媒体都进一步加强了与受众的互动，如电视媒体也可以进行实时视频内容点播、实时评论等。新媒体与传统媒体的最大区别在于传播状态由一点对多点变为多点对多点。每个受众就形成一个传播节点，受众之间进行信息的交流和交换。在多点的信息传播过程中，每个节点形成一个新的传播源，所有节点通过不同的连接方式形成庞大的复杂网络，使信息以很快的速度向纵深传播。新媒体广告就是将新媒体作为传播载体的广告，突破了传统媒体在时空上的限制，受众群体的限制，具有交互性、跨时空、感官性强等优势，包括微博、微信、新媒体广告等形式（见图 4 - 1）。新媒体广告传播时就突破了时间和空间的局限性，通过不同受众的相互信息转发和评论，提高了广告信息的传播效率。

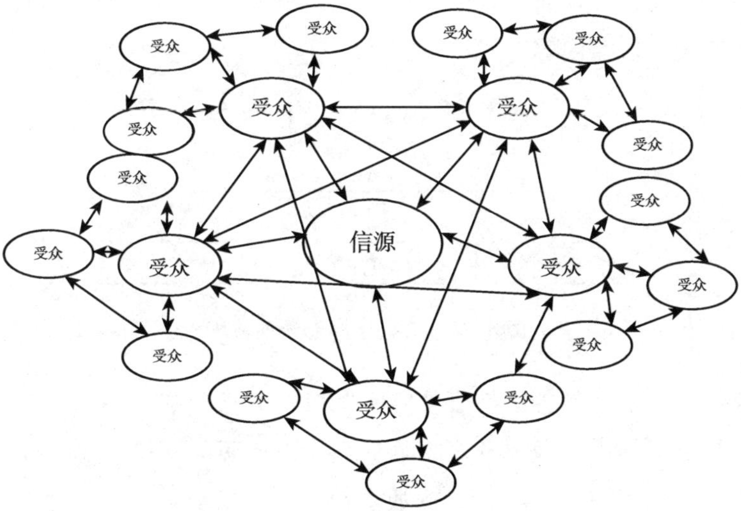

图 4-1　新媒体广告的传播模式

新媒体广告从传播的形态表征来看既是广告又是信息，从新媒体长远发展来看，这种广告形态表现不仅是现在式，而且是将来式。它通过互联网以及计算机、手机、数字电视等数字终端，以实时性、互动性以及传播系统的非同步性等优势向用户服务。从发展现状来看，新媒体广告形态既向“即时、移动、索取、简约”延伸，又为聚合受众提供一种精细化操作的新路径，它将“广告信息”进行加工处理而成为各种广告表现形态，如网页广告、搜索引擎广告、软件内置广告等，其技术多样性和传播的广泛性业已成为信息高速公路的主力军。新媒体广告以网络为依托，具有良好的互动性，决定了受众可以选择广告信息，广告主也可自主传播广告信息，从而使双向互动的“传播”特性得以凸显。

二、新媒体广告的品牌信息的整合性反馈

利用新媒体广告，广告主可以自主地传播广告信息，而此时的广告信息，其范畴更加宽泛，不仅包括相关的产品信息，更包括良好的品牌信息、形象信息。因此，“品牌传播”成为新媒体广告传播的内容本质，受众接收到信息后，对品牌内容、主题、感受等进行整合，并反馈给广告主，从而促进品牌信息的传播。相比于传统广告形式，新媒体广告在传播过程中通过不同节

点间的相互联系，节点间信息能进行有效地整合和反馈，最终呈现出全新的信息传播价值和传播内容（见图4－2）。

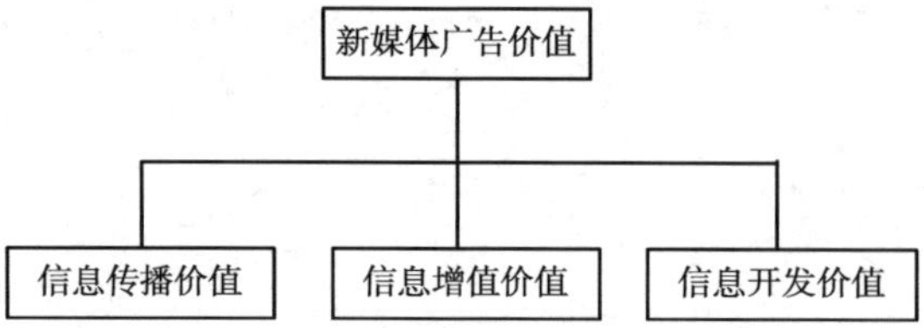

图4－2　新媒体广告价值体现

新媒体广告信息的传播价值具体体现在以下三个方面：(1) 广告信息传播价值：社会群体因为兴趣爱好相近而聚合在一起，形成具有相对明晰的区隔，使广告信息传播有的放矢。特别是相比于传统媒体广告，新媒体平台更为注重用户的感受，给予用户选择权，用户可以根据需求和兴趣等确定是否接受广告推送，极大地降低了用户对于强加广告的反感。(2) 广告信息增值价值：因为人或社会群体的参与，群体间的有机合作与分享使信息以体验、互动等特性呈现出来，而在动态信息的整理、传递过程中往往伴随着信息资源的深度挖掘、信息资源的增值开发、信息资源的价值提炼和核心信息价值链的构建过程，通过增强广告创意的扩散与拓展能力，提升了受众的参与度和体验度，使信息在传播过程中产生“蝴蝶效应”，从而产生广告信息的增值。(3) 广告信息开发价值：新媒体广告下社会群体合作所建立的信任以及电子商务技术的发展，使广告信息成为社会群体收集用户数据，分析受众行为，判断用户需求和偏好的重要来源，可以直接或间接地转化为销售信息，使企业在节省大量成本的条件下进行精准化运营，创造出更多价值，最终实现信息传播成本最优下的规模效益。

新媒体广告从融合服务方面来讲，体现在以下两个方面：(1) 新媒体广告由于以各种受众作为传播节点，而不同受众在传播中所体现的节点作用各不相同。作为核心节点的意见领袖，其传播覆盖的范围更广，通过意见领袖的信息搜索贡献与信息的“二次传播”，可以实现传播的链式扩张，实现媒体信息服务的连锁反应，最终实现几何级数的信息放大，形成新媒体社会舆论的可能性。(2) 品牌信息的整合性反馈。在新媒体融合条件下，文化品牌内容、品牌含义、品牌信息、文化品牌价值等在各种新媒体中得到充分展示，大大丰富了信息的传播层次和路径，拓展了受众反馈的范围。新媒体广告逐步渗入生活之中，对人们的生活习惯、价值观等特别是旅游文化体验等带来了巨大的影响。当前，新媒体广告对杭州乃至浙江区域文化发展都起到一定的促进作用，由于其品牌整合性反馈以及价值增值作用，无论是传统还是商业文化模式，文化环境下的消费者群体心理和行为都在潜移默化地发生着巨大的变化。因此，新媒体广告在对以良渚地域为代表的良渚文化发展中产生了巨大的影响，对良渚文化旅游产业提供了崭新的发展契机。

第二节 良渚文化历史影响和新媒体广告传播契机

历史悠久的良渚文化以其璀璨的礼玉文化、陶器文化达到了新石器文化的巅峰。良渚玉器上的神人兽面纹蕴涵人性的觉醒，反映了新石器时期良渚先民崇尚神的自然文化形态。一定数量的玉琮、玉璧和玉钺的发现说明王权专制在良渚时期已经确立。此外，良渚文化遗址还发现了类似文字的符号、城墙和祭坛的遗迹。种种迹象说明良渚文化已经创造了一个文明时代。特别是良渚的玉器文化更侧重于礼玉，蕴涵着中华民族的一些重要精神。其一，良渚文化遗址的重要玉器玉琮和玉璧是祭天之物，是天地精神最准确的概括、最佳的象征。其二，礼乐教精神。良渚出土的大量玉礼器从其形制来说，都具有不同规格，体现出用器者的具体身份和地位，这就反映了社会阶层正在产生，而阶层的发展为阶级生活的形成奠定了文化基础。良渚文化时期由于发达的农业部落，已经出现丝麻制品和相当进步的竹编工艺，再加上制陶业和玉器制作的发达程度，说明良渚聚落群已经建立了一定的良渚文化商业组织和权力机构，并且出现了具备一定意识形态的变化。良渚文化史正是一部人和自然共同发展的历史，良渚文化在一定程度上影响了中华文明的进程。良渚先民的勤劳精神也已经成为杭城人民的精神遗产。因此，理解良渚文化对当前杭州城市乃至浙江发展的影响，才能更有效地认识中华文明和中国早期国家社会形态的多样性。由于良渚文化本身内涵丰富，在新时期更应进一步挖掘其内在价值。而新媒体广告是新时期最重要的新媒体工具，在对良渚文化传播方面具有明显的信息增值价值和信息传播价值，通过新媒体广告，可以向民众更全面地展示良渚文化风貌，传播良渚文化，推动杭州城市文明建设，推进杭州文化产业的进一步发展。

一、良渚文化的背景和对杭州城市的发展影响

（一）良渚文化的背景和地理分布

良渚文化所创造的文明曙光离不开良渚文化的特殊地理位置和特殊的历史阶段。就良渚文化分期而言，良渚文化大致可以分为早、中、晚三段，其中早段包含一期至二期，三期即为中段，四期至五期属于晚段。从横向的地理分布来看，良渚文化涵盖的空间范围非常广阔，包括长江下游环太湖地区3.65万平方公里的区域面积。北至黄河流域以北的苏北鲁南地区，南至浙江的宁绍平原，东及太平洋西海岸的舟山群岛，西达皖赣境内都属于良渚文化的范畴。良渚文化的中心地区是位于杭州市的良渚镇和瓶窑镇，称其为良渚遗址群，是良渚文化分布最为密集的地方（见图4－3）。

图4－3　良渚文化遗址

这一地区具备良好的淡水资源，矿物资源、动植物资源也非常丰富，其属于典型的海洋季风性气候，气候湿润，便于良渚先民从事农耕和手工业发展；从纵向的文化跨度来说，良渚文化上承崧泽文化，下接钱山漾文化和广富林文化，起到承前启后的作用，特别是代表良渚文化的玉器工艺所体现的

神权思想和自然崇拜也达到文化的巅峰。作为史前文化，良渚文化的稻业发展是在崧泽文化基础上产生，通过对既有稻业农业的生产工具的革新，稻业种植面积和种植效率有了极大的提升。而其制陶工艺也受到中原文化的影响，并结合本地的特色对技术和工艺做了提升，具有自身独特的特征。而良渚古城遗址更是彰显了“城邦”雏形，为中华历史的朝代更替奠定了基本的物质基础。因此，良渚文化是中国文明起源阶段中最重要的一种文明形态，对夏、商、周三代文明发展具有深远影响。

（二）良渚文化对杭州城市发展的影响

由于历史是一脉相承的，良渚文化遗址所包含的众多陶器、玉器文物资源和蕴涵的历史文化资源是杭州乃至浙江城市发展的文化助推器。城市文化的发展不仅仅是通过单纯的文化传播和展示，更重要的是利用好文化资源，发展以文化为基础的创意经济。通过推动和发展良渚文化旅游，对于杭州市充满了机遇和挑战。其机遇在于：（1）杭州通过相关的文化利好政策为文化创意产业发展明确方向，通过搭建产业集群平台、项目引导平台等，不断加强城市文化创意产业的发展；通过一系列文化活动，如国际动漫节、杭州旅游节等提升了文化创意产业在杭州 GDP 中所占的比重。（2）玉器是良渚先民创造的物质文化和精神文化的精髓，在大力发展良渚文化特色遗产旅游过程中，有助于推动整座城市的文化形象，而在文化方式的实践上可以将良渚文化中的玉器文化、黑陶文化等融入当前的文创产品，让其更富有历史沉积，提高了其文化品位和文化价值。

由于良渚文化所在地受制于地理位置等因素，当前的良渚文化发展也存在着较大的挑战：（1）由于良渚文化遗址距离杭州主城区较远，其文化内容涵盖丰富，难以直接理解。相比于南宋文化遗产，良渚文化旅游的区位优势相对薄弱，以南宋御街为代表的商业文化是当前杭州打造的重点文化产业，在发展商业旅游方面具有明显优势。（2）传统媒体对良渚文化的传播力度不够，对良渚文化的当前社会价值和社会意义展现不足，对良渚文化所代表的历史背景传播范围较小。因此，如何通过新媒体手段，针对不同类型的文化受众，有针对性地进行良渚文化的宣传和展示，提高传播效率和质量，成为良渚文化发展和传播的重要内容。

根据实地问卷调研显示，游览良渚博物院的游客以本地游客居多，占被调查人数的70%以上。其余主要来自杭州周边的短线游客，长线游客很少。在被调查的游客中，知识的获取和探索异地历史文化成为游客参观良渚文化的主要动力。不少游客反映对良渚遗址的了解程度不够，认知度较低，政府和相关文化部门对良渚文化的宣传力度有所欠缺。特别是对良渚文化博物院周围环境和景点如东明山森林公园、南山摩崖石刻等了解很少，而这些区域也是良渚文化的一个重要组成部分。

当前对良渚文化传播存在的主要问题：一是良渚文化传播的形式较为单一、互动性较差，没有跟上时代步伐；二是传统媒体对良渚文化的传播力度不够，文化传播的受众层面较为单一，市民对文化的认知程度比较低。突出表现在：（1）传播手段单一，受众获知的良渚文化信息主要是通过电视、报纸等传统媒介。当前的良渚文化多属于政府引导的被动传播，其传播效率较为低下，传播质量也未达到预期，许多群众对良渚文化及其历史发展尚不清楚。（2）从地理空间看，良渚文化传播是由良渚文化中心区向四周扩散，根据传播途中信息递减的一般规律，离良渚文化中心越远的地方，越难以保持良渚文化元素的原型，其文化吸引力则大幅度下降。（3）受众在感受良渚文化氛围时也大多通过良渚博物院对外的文化宣传，但未能真正把良渚文化通过多种途径并结合新媒体向受众进行发散式传播，实现一点到多点再到复杂网络式的广泛传播。（4）未能将良渚文化旅游作为杭州可持续发展的一项文化传播事业在更大领域进行拓展。文化旅游产品相对单一，受众在感知良渚文化传播过程中，并未获得与之密切相关的体验型旅游产品。良渚文化保护区内的非物质文化遗产资源未能转换为体现良渚精神和杭州特色的民宿旅游产品。当前良渚文化传播内容的不足与时代的脱节，为有效利用新媒体进行文化传播奠定了实践基础。

二、新媒体广告传播契机和文化考量

新媒体广告形态涵盖了所有向目标受众传播品牌和产品信息的传播行为与形态，内容形式广泛。特别是对于当前文化传播而言，文化的内隐性和共享性决定了文化对象具有一定的特殊性，其传播内容往往内生于广告本身。当前新媒体广告越来越淡化广告的商业功能，几乎在所有新媒体载体均有原生性存在，包括各网络平台内容、各组织机构自由媒体、组织机构与相关的社交媒体，这对传播良渚文化奠定了良好的传播契机。

（一）新媒体广告推动良渚文化传播和发展的作用

新媒体的传播几乎重塑了人类生产和生活的所有重要领域：一方面，新媒体的内容涵盖广泛，既有网页整体也有新闻、图片、视频等形式，不同的传播内容和传播方式导致了网络文化的变迁，使人们的文化实践“脱域”，即能够跨区域感受不同地区的文化。同时，通过新媒体传播也加强本土文化的传播，提升民众对本土文化的认同感。另一方面，新媒体也给社会创造了极大的商业价值，通过文化的创新带来了新市场、文化传播的新模式，并对社会文化的发展带来了新力量。因此，这里要解决的核心问题在于如何有效地利用新媒体广告进一步开拓良渚文化市场、提升良渚文化的品牌价值。

（二）新媒体广告推动良渚文化传播

良渚文化传播离不开新媒体广告内容的整合与创新。虽然目前已经建立了“文化良渚”的腾讯微博，但是主题内容大多以政府新闻为主，对良渚文化的内涵并未进行深入挖掘。因此，需要做好以下几个方面的工作：（1）建立以良渚文化为核心的微博和“微信公众号”平台，定期向受众发布有关良渚文化研究发展的最新资讯。让公众通过“微信扫码”互动等方式参与到文化活动中来，了解良渚古城、良渚文化遗址的相关发展。通过与受众的有效互动，将不同受众作为新的网络节点，不断加强文化信息的向外传播，形成庞大的文化宣传的复杂网络，通过扩大良渚文化的影响力，不断开辟良渚文化市场。（2）打造富有特色的良渚文化网络名片，并加载在杭州政府网站、新闻网站以及与杭州旅游相关网站中。良渚文化自身影响力和社会认知度也将迅速提高，通过媒体的宣传支持，充分展示良渚文化形象，达到互动增值的目的。（3）以良渚文化为背景创作宣传良渚文化发展的新媒体广告。在新媒体广告的多种表现方式中，新媒体广告以其短小精悍、故事性强、资金投入少等优势，具有极强的商业价值和广阔的市场前景。新媒体广告的创意来源应在保护良渚原址的基础上，注重对相关历史故事的深入发掘，再结合良渚文化的背景进行二次创作，借助新媒体广告的多种平台进行投放，加深人们对良渚文化的理解。

（三）利用新媒体开拓文化旅游市场

良渚文化旅游资源丰富，既包括以良渚博物院为核心的良渚遗址群落，也包含以美丽洲公园为核心的良渚文化村、良渚产业园，以及围绕良渚文化构建的良渚文化大学。各级政府部门和旅游企业的参与热情也与日俱增，但如何围绕良渚文化构建富有特色的文化旅游产业仍需要进一步探讨。因此，需要全方位地开拓良渚的旅游文化市场，特别是利用新媒体广告进行文化资源和文化产品的宣传。（1）建立与良渚文化密切相关的文化用品网络商城，出售与良渚文化特色相关的纪念品，如印有良渚神徽像、刻赋等良渚文化元素图案及玉琮、黑陶的装饰品，将良渚文化特色向受众展示并转化为经济效益。（2）打造与良渚文化有关的电商旅游平台或者与包括去哪儿网在内的旅游平台合作构建旅游生态平台。通过线下和线上的文化交流，加强对良渚文化的保护和宣传。同时，利用微信、微博等平台以及新媒体广告等多种宣传途径打造良渚文化周边特色旅游配套设施，如住宿、交通、餐饮等，让用户在文化体验的同时享受高品质的旅游服务。

（四）良渚文化传播的“蝴蝶效应”

良渚文化是新石器时代环太湖流域的富有地域特色的先进文化，被誉为“东方文明的曙光”。传统媒介难以有效地将良渚文化在更广的范围内进行传播，而新媒体广告能够提升信息的传播价值，通过复杂网络的信息引导作用，加深人们对良渚历史沿革的认知，促进受众主动参与和分享与良渚文化相关的历史知识和文化考古知识，从而使信息通过不同受众节点在更广泛的范围内向纵深传播，即在传播过程中产生“蝴蝶效应”，通过某一具体事件在极短的时间内完成相当大范围的信息普及，将良渚文化这一杭州特色文化通过受众的主动参与，积极向全国乃至世界范围进行推广宣传，提升文化传播的广度和深度，并将文化植根于民族精神，将其作为体现“杭州精神”的文化符号。然而，需要注意的是，这种“蝴蝶效应”在一定程度上也会引起负向调节作用。其一，在信息增长速度飞快的同时，某些虚假信息、负面或不良信息也得到了难以制止的发展机会，而这些信息可能对良渚文化传播起到阻碍作用。其二，由于新媒体网络的虚拟性和相对自由性可能导致某些网民节点随意发表偏激言论，一定程度上推动了网络负面内容的产生，从而影响良渚文化宣传的正常性。

因此，政府在应对新媒体传播中的信息“蝴蝶效应”时，应当进一步加强有关新媒体法律、法规的建设，完善网络监督和举报制度，剔除负面信息对文化传播的负向作用。特别是针对良渚文化传播时，政府需要加强对社会舆论的引导，积极引导良渚文化的发展方向。建立相关的文化保护补偿机制，安排专项资金补偿因为良渚文化保护而产生的权益损失，促进社会民生事业的发展。增强当地受众对文化保护的参与感和获得感，并将其引向社会主义“主流文化”，提升良渚文化的现代社会价值。

第五章

基于复杂网络视角的良渚文化动态演变研究

现代人类社会被包括国际互联网、社交网络等在内的各类网络所覆盖，其社会活动与交互的重要物理载体就是由多种网络相互作用与融合所形成的一个混合网络，是一个动态的复杂网络。其一般定义为具有复杂拓扑结构和动力学行为的大规模网络，是由大量节点通过边的相互连接而构成的图。人类社会网络化在给生产活动带来极大便利的同时，也提高了人们的生产效率和生活质量。在网络环境下，相关的信息传播模式和效率都发生了质的变化，从而影响人们对事物态度的演变和行为决策的制定。文化信息的传播因为传播媒体而变得广泛、多样和灵活，将相关的信息内容通过网络方式融合成为一个整体。过去人们对复杂网络的研究过多地集中在网络结构和演化的层面，而对复杂网络环境下的动力学行为规律理解还十分缺乏。特别是对于复杂社会网络，网络影响因素很多，信息的传递效率依赖于网络中的传播节点，决策者往往不能提前发现复杂网络系统中存在的脆弱性，如何应对这种趋势是国家在网络社会中面临的重要挑战。

深入研究复杂网络的各个要素间的相互作用，特别是社会复杂网络环境下的内在规律和动力学机制，便于利用网络平台特性向受众有效传播社会文化，并积极应对非常规性事件。这对实现社会和谐稳定、经济稳步增长、文化长期进步等具有至关重要的现实意义。而对复杂网络的文化传播和演化机理的研究分析，有助于加深对当今网络新媒体语境下社会群体传播行为和传播规律的认知，通过构建社会网络传播相关的研究框架，对于提出新的文化传播策略研究模式，引导文化发展方向提供有价值的理论依据和极具实用性的工具平台。因此，本章旨在运用复杂网络相关理论分别构建 SIS 模型和 SIR 模型，通过分析网络节点间的变化过程深入分析良渚文化的动态演变过程。

第一节　复杂网络理论及其应用

近年来，随着复杂网络的研究取得重大突破，越来越多的学者利用复杂网络理论来研究社会网络。复杂网络指的是由数量巨大的节点和节点之间错综复杂的关系构成的网络系统，是对复杂系统的抽象和描述。1998 年，Watts 和 Strogatz 首先提出了“小世界”网络模型，揭示出复杂网络具有“小世界”效应，其特点在于任意两个节点间存在“捷径”相互连接。1999 年，Barabasi 和 Albert 提出了无标度复杂网络模型，发现了复杂网络存在无标度性。随着复杂网络的研究深入，复杂网络的应用也渐渐备受关注，已经逐渐应用到疾病传播模型、谣言传播、利用复杂网络的知识控制系统同步等方面（见图 5－1）。随后，关于复杂网络的学术研究已经从数学、物理领域逐步渗透到经济、文化等多个不同领域，研究者分别从不同角度解读复杂网络的特征和现实意义。例如，通过对这些在线 SNS 网络用户的数据进行分析，发现这些用户关系网络具有典型的复杂网络特征：无标度、“小世界”性、聚集系数高。复杂网络已经成为有效地描述和解决与社会网络有关的重要工具。

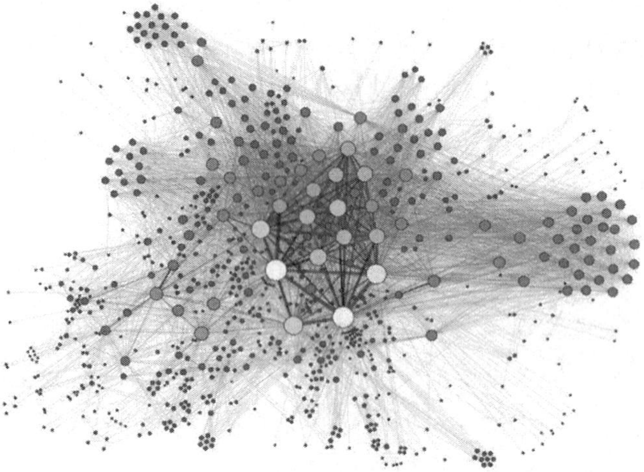

图 5－1　复杂网络节点间联系及信息传播示意图

良渚文化的现代传播模式就是一个典型的复杂网络。良渚文化是新石器时代晚期我国长江下游太湖流域的一支重要的原始文化，以出土大量的精美玉器、石器和黑陶工艺为特征的史前文化，距今 4000～5300 年。良渚文化所涵盖的空间范围非常广阔，包括长江下游环太湖地区 3.65 万平方公里的区域面积。北至黄河流域以北的苏北鲁南地区，南至浙江的宁绍平原，东及太平洋西海岸的舟山群岛，西达皖赣境内都属于良渚文化的范畴。良渚文化的兴起缘于浙江地域文化——崧泽文化数百年的能量蓄积。其间，由于良渚社会复杂化程度较低，以稻作农业为重心的良渚经济所释放出来的能量远远高于社会生产所消耗的能量，特别是随着对玉石矿业资源的大规模开采导致良渚玉器工艺技术达到新的高度，良渚文化发展达到新石器文化的巅峰。而由于良渚所在地理位置的特殊性，良渚文化和周边文明的交集逐渐减少，在长期封闭的发展环境中，良渚的玉石资源渐渐枯竭、良渚自然生态的承载力大幅度下降，随着良渚周边自然环境的突变，良渚文化也由巅峰逐渐走向衰退。可见，良渚文化由“盛”到“衰”的演化是一个动态发展的过程，而这一变化的内在原因一直是良渚文化研究的重点所在。中华文明的曙光源自良渚，良渚遗址群则是中华文明史的见证，并直接影响了后期的钱山漾文化和广富林文化的发展。因此，对良渚文化兴衰的探究是对中华文明发展史的深层次剖析。实际上，良渚文化所在地——良渚区域通过古良渚居民的相互协作和相互影响构成了一个复杂的社会网络系统。该社会网络系统的文化传播符合复杂网络的传播规律。

本节研究的创新性在于将良渚文化所在的社会区域作为整体研究对象进行研究，而这一社会整体符合复杂网络的特征，即无标度、一定的“小世界”性（以良渚地域为小世界）、高聚集性。因此，通过复杂网络理论能够更有效地阐明良渚文化由“兴”到“衰”的变迁过程。良渚文化是在新石器时代浙江历史发展的一个缩影，是浙江区域文化发展水平的重要标识，良渚文化的演进对杭州乃至浙江社会生活产生了巨大影响。故有必要深刻理解良渚文化的传播机理和规律，特别是良渚文化的演进机理，这对当前加强杭州精神文明建设，弘扬历史文化具有特定的现实意义和理论意义。

为此，本节研究所要解决的文化传播学核心问题在于：(1) 良渚文化的文化传播规律是什么？(2) 良渚文化由“盛”到“衰”的内在动力和外在原因是什么？(3) 良渚文化的发展演进对当前的浙江历史文化传承究竟有何启示？

一、传播动力学理论

复杂网络是具有复杂拓扑结构和动力学行为的大规模网络，通过不同的节点相互连接构成。复杂网络中的无标度特性，平均最短路径的大小，包括网络中节点分布情况等都会影响信息在复杂网络中的扩散行为。现实中，大量的复杂网络具有无标度特性和“小世界”特性。21 世纪初，Pastor - Satorras 和 Vespignari 首先通过对无标度网络进行分析，并且研究了病毒的传播行为，从而构建了无标度复杂网络的扩散模型。并通过研究发现，即使无标度网络规模相对较小，分析获得的传播阈值仍然远远高于均匀网络，如随机网络中的传播阈值。并且证实在确定一个真实世界中的网络疾病传播阈值时，网络的中度分布为幂律分布这一特性对传播阈值有很大影响。而随后在2002年，K. Klemm 和 Eguifluz 的研究表明，之前大量的学者对于无标度网络的学习研究大多数通过假设网络拓扑结构都是通过随机混合得到的。通过构建 scale - free 网络模型得出，网络所具有的高聚集性和相配混合型在某种程度上控制病毒信息的不断传播。

文化传播的基本对象是文化信息，其动力学模型反映了在不同网络上的文化个体节点间的联系。文化的发展是一个动态的变化过程，故对文化的发展和研究不能像其他学科一样，通过在人群中做实验的方式获得数据，或者从已有报告和记录中获得相关数据和资料。相反，由于文化本身具有抽象性和内隐性，其相关特征数据往往不充分，并且很难根据这些数据来确定参数并进行量化分析以研究其传播特性。因此，通过合理的网络模型阐述文化传播数据，并进行理论研究是当前传播动力学分析文化的重要手段。

当前对复杂网络模型的结构分析发现，复杂网络的拓扑结构在很大程度上影响复杂网络的传播行为。Pastor - Satorras 和 Vespignari 等建立了无标度复杂网络中的病毒扩散模型，并分析了病毒传播的特性。Lowell Red 和 Wade Hampton Frost 首次提出 SIR（Susceptible/Infected/Removed）模型，网络中所有节点的状态只有三种，并且每个节点都只有三种状态中的其中一种：其中，S（susceptible）态表示易感态，表示该状态体的节点未被感染，是健康的，但是很容易被其他已经感染的节点所感染；一种是 I（infect）态，表示感染态，可以感染其他为 S 态的个体，但是不能感染节点状态为 R 态的节点；R（removed）态表示为移除态，表示该节点从 I 态恢复为 R 态，并且这个节点不会转变为 I 态或 S 态。相比而言，SIS 模型和 SIR 模型也非常类似，只不过其中只有 S 态和 I 态。在此基础上，本章运用 SIR 模型和 SIS 模型分别阐述文化的传播机理。

二、复杂网络建模过程

随着复杂网络研究的深入，复杂网络的应用也备受关注，如基于复杂网络的谣言传播、基于复杂网络的信息传播等也成为国际学术界的新兴研究热点，故探索复杂网络的复杂特性影响在动力学的流行和文化传播非常有意义。首先本章介绍复杂网络中的某些统计特征，如平均最短路径、聚集性、度和度的分布、“小世界”特性以及无标度特性；这些特征对刻画复杂网络特性，阐述复杂网络环境下社会文化传播过程、文化演进历程至关重要。

（一）复杂网络的统计特征

1. 平均路径长度

复杂网络中一对节点之间的距离定义为：从其中一个节点到另一个节点的所有路径中经过的边的条数最小的数目即这对节点之间的距离。在社交网络中，所有节点之间的距离之和的平均即平均路径长度，用字母 L 表示。由于社交网络不同于交通网络，其长度的刻画是由所有节点之间信息传播所需时间的和的平均值即网络的最短平均距离。其计算公式可以表示为：

$$L = \frac{1}{0.5N(N+1)} \sum_{i,j \in V} d_{ij} \tag{5-1}$$

其中，N 表示为整个网络的节点数，即网络规模；d_{ij}表示节点 i 和 j 相连接的最短路径上的边数。

2. 聚集系数

某节点与相邻的所有节点之间实际存在的连边数目与所有邻居节点之间最大可能的存在的连接边的条数之比为单一节点的聚集系数，用C_i表示。整个网络的聚集性则为所有节点 i 的聚集系数的总和的平均值。这一特征表明相同的一个节点的两个邻居节点k_i也是邻居关系的概率将复杂网络的聚集性表现出来。而在文化传播中，这一聚集系数即传播的强度。聚集系数可以表示为：

$$C_i = \frac{2E_i}{k_i(k_i-1)} \tag{5-2}$$

3. 度和度分布

复杂网络由大量节点和连接边组成。网络中节点的度为其相邻节点的数目。而平均度$\bar{k}$定义为网络节点度数的算术平均值。而与节点度有关的度分布函数 P(k) 则表示任意网络节点下，某一节点度数为 k 的概率，实际为网络中度数 k 的节点与总节点数的比值。平均度可以表示为：

$$\bar{k}=\frac{\sum_i k_i}{N} \tag{5-3}$$

4. “小世界”特性

复杂网络的“小世界”特性是指无论网络的节点数目，网络中节点间距离很小，也就是网络平均最短路径很小，它和网络的规模呈现对数关系。现实生活中的大量大规模网络都具有“小世界”效应。

（二）SIR 传播模型

本节所建立的传播模型是将复杂网络理论与新媒体广告传播理论相结合，构建可以量化传播效果的文化传播模型。首先构建 SIR 传播模型如图 5-2 所示。

图 5-2　SIR 模型示意图

假定在任意的时间 t，如果 S 态节点和 I 态节点相连接，则 S 态节点以一定概率 α 变成 I 态节点。同时，I 态节点也以一定的概率 β 变成 R 态节点，定义信息感染强度为 $\lambda=\frac{\alpha}{\beta}$。这里，认为 λ 是文化的传播强度，即文化的传播强度为不同环境下的群体节点比例。这里用 $S_t(k)$、$I_t(k)$、$R_t(k)$ 分别表示在某时间 t，所有度数为 k 的节点中处于 S、I、R 态的节点的比例或密度，则 SIR 传播模型的传播过程可以用下面的传播微分方程表示：

$$\frac{dS_t(k)}{dt}=-\lambda k\,S_t(k)\varphi(t) \tag{5-4}$$

$$\frac{dI_t(k)}{dt}=\lambda kS_t(k)\varphi(t)-I_t(k) \tag{5-5}$$

$$\frac{dR_t(k)}{dt}=I_t(k) \tag{5-6}$$

$$S_t(k)+I_t(k)+R_t(k)=1 \tag{5-7}$$

$$\varphi_t(k)=\frac{I_t(k)\sum_k kp(k)}{\bar{k}} \tag{5-8}$$

其中，k 表示网络中某个节点的连接度；$\bar{k}$表示网络的平均度；p(k) 表示网络的度分布函数；φ(t) 表示在网络中，随机选择一个节点，其和文化传播节点相连的概率。根据 SIR 模型可知，文化传播变化率与文化的传播强度成正比，而文化传播强度则与文化不同形态 S 态和 R 态密切相关。

（三）SIS 传播模型

SIS 模型和 SIR 模型类似（见图 5－3）。在 SIS 模型下，初始时随机选择网络中一个或若干节点为感染节点，其余为健康节点。SIS 模型中 I 态节点以一定的概率 β 变为 S 态，而非 R 态。SIS 传播模型的传播行为可以定位为：在时刻 t，S 态节点如果和 I 态节点相连，则该节点以一定概率 α 转变为 I 态，同时，I 态节点又以一定概率 β 转变为 S 态。不失一般性，传播强度 $\lambda=\frac{\alpha}{\beta}$。用$S_k(t)$，$\rho_k(t)$ 分别表示所有度数为 k 的节点中易感节点和感染节点的比例或密度。

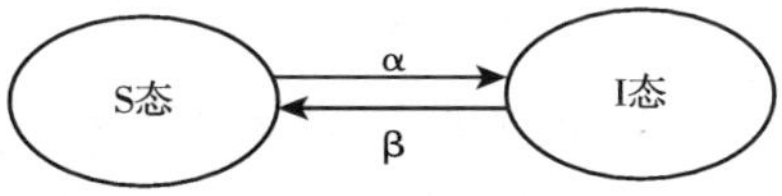

图 5－3　SIR 模型示意图

则 SIS 传播过程可以表示为以下微分方程：

$$\frac{d\rho_k(t)}{dt}=\lambda k[1-\rho_k(t)]\varphi(t)-\rho_k(t) \tag{5-9}$$

$$S_k(t)+\rho_k(t)=1 \tag{5-10}$$

$$\varphi(t)=\frac{\sum_k kp(k)\rho_k(t)}{\bar{k}} \tag{5-11}$$

其中，k 表示网络中节点的度；$\bar{k}$表示网络中的平局度；p(k) 表示网络的度分布函数；φ(t) 表示在网络中随机选择一个节点，其和传播节点相连的概率。根据 Moreno 和 Pastor－Satorras 等利用上述方程和一些初始条件得到的传播阈值结论：在非均匀网络中，文化如果想在复杂网络中传播开来并且长期存在下去，那么其传播强度必须满足以下条件：$\lambda>\lambda_0=\frac{\bar{k}}{\overline{k^2}}$，其中，$\overline{k^2}$表示复杂网络中度值的二阶矩。如果文化传播的传播强度 $\lambda > \lambda_0$，则文化能够在该网络中扩散开来；否则，文化将会从网络中呈指数逐渐衰减，不能在网络中长期传播。

在随机均匀网络中，SIS 模型和 SIR 模型都存在一个非零的正的传播阈值，而在足够大的无标度网络中，则不存在为正的文化传播阈值。从这里的模型可以看出，在每个时间步（time step），这些演化规则在整个复杂社会文化网络中被并行地执行，即文化在这类复杂网络中非常容易通过不同节点一直传播下去。故这类复杂网络中对文化传播的控制策略也变得非常必要。

第二节　良渚文化的演进和变迁过程

文化的发展主要包括两种类型：文化演进和文化变迁。其中，文化演进是指文化由相对较为简单的形式向较为复杂的形式发展的循序渐进过程；文化的变迁则是指文化从一种形态类型转化为另一种形态类型的本质性变化。从文化的演化过程来看，良渚文化植根于马家浜文化和菘泽文化，其文化的演进和当时社会经济、政治发展密切相关，尤其是良渚文化繁盛的稻业农业文化更是与崧泽文化有着密不可分的联系。早在良渚文化鼎盛时期，良渚文化就开始向钱塘江南岸进行“整体搬迁”，最终使钱塘江以南地区成为良渚文化的“势力范围”，钱塘江以南地区的良渚文化区域民众在使用 T 型足鼎、双鼻壶等典型器物的同时，也使用了某些当地的特有文化因素。在良渚文化末期，可能由于水患、天灾等自然危机或者社会体系危机尤其是社会管理体系和组织调控体系失控，抑或是自然危机和社会调控危机的总和，最终导致良渚文化迅速衰落直至崩溃。而钱塘江以南的良渚文化返回了环太湖地区，并与当地存在的良渚文化相互碰撞融合，并吸收了一些包括外来的黄河流域文化因素，最终产生了新的文化因素，文化的交融使原有的良渚文化越来越失去原来的特性，最终加速了良渚文化的灭亡，使良渚文化演变成钱山漾文化。根据已有对良渚文化末期出土的器物，研究并通过分析钱山漾文化因素包括砂陶、竹木器等，确实证实其标志性文化因素正是吸收、继承了良渚文化的文化因素而产生。因此，本节所要解决的关键问题在于如何利用已有的 SIS 模型和 SIR 模型准确描述良渚文化演进的全过程。

一、良渚文化演进模型及其过程

1990年，Zukin和Dimaggio提出了经济行为的“文化嵌入”论断，认为文化通过信仰、意识形态、形式化的规则体系等融入社会经济生活，这为经济理论设定了界限。而Polanyi和Granovetter等则分别从宏观经济现象和微观个体经济行为着手，阐明了社会中文化因素对经济活动的具体影响。本节研究则把文化作为重要的社会资源，根据SIR模型和SIS模型，文化的传播和进一步发展依赖于节点间的传播强度随时间的动态变化以及对节点的有效控制。特别是在复杂网络背景下，传播强度变化和文化传播的控制策略对文化的发展至关重要。文化的控制对于培植经济主体的行为习惯和为个体提供“内化价值”具有促进作用。而良渚文化由“盛”到“衰”的过程正是其文化传播强度和良渚地域的文化控制策略发生了重大变化，导致文化传播效率下降所引起的。

（一）封闭的经济环境引起良渚文化传播强度下降

良渚文化并非在良渚文化晚期突然消亡，而是在良渚文化从中期到晚期发展过程中，文化传播强度变低造成的。而在这一阶段，随着良渚文化的发展，社会人口数量急速增长，社会物质资源的消耗也进一步加剧，即模型中的参数λ逐步衰减，其衰减的原因在于：良渚文化属于地域性文化，文化的发展依赖于本地经济的发展，在良渚文化中期到晚期发展过程中，良渚地区以稻业为代表的农业经济相对封闭，封闭的经济环境，在遇到某些特定的自然灾害，如洪灾或其他灾害时，出现社会管理体系的重大问题，社会管理的障碍反作用于经济现状，造成经济发展的凋敝。而随着经济和环境的双重恶化，良渚地区的居民逐渐从良渚地区域向钱塘江南岸大规模迁移，并和当地的生产条件、生活环境相适应。

由SIR模型的阈值可知，在大规模的良渚文化信息传播网络中，无论文化信息的传播性多弱，文化信息仍然能够爆发并且持续地存在。由于物质资源的消耗和社会结构的变化，文化传播效率虽然降低，但文化信息本身却并未完全消失，良渚文化的生命力依然强大，文化底蕴依然存在。最终变迁的良渚文化和新的地域元素相结合形成钱山漾文化和广富林文化。

而原有良渚地区随着经济的凋敝、人口的迁移，生产和生活方式发生了重大变迁，最终造成文化的凋零。相反，周边的中原文化则在同期得到了蓬勃发展。由于文化传播存在着“溢出效应”，即某一区域强势文化会作用于周边弱势文化，最终导致某种弱势文化的进一步削弱甚至消失。同一时期强盛的中原文化和钱山漾文化的兴起，最终引起了良渚文化的逐渐衰变直至消亡。

（二）宗教的思想禁锢减少了良渚文化的联接节点

除了经济环境外，良渚文化的衰退还与良渚社会区域内部节点的联接减少密切相关，节点的减少客观上引起文化传播效率的下降。根据 SIS 模型，文化传播的衰减依赖于 $S_k(t)$ 和 $\rho_k(t)$ 随时间的相对变化率。其中，最具影响的是 $\rho_k(t)$ 的变化，而 $\rho_k(t)$ 则与网络中节点的度 k 密切相关。k 的值则依赖于传播主体的效率变化。良渚文化作为新石器文化的代表，由于文化的时代所限，良渚文化的发展过分倚重宗教。虽然在良渚发展初期，宗教对良渚文化起到一定的推动作用，但是由于宗教本身对思想的禁锢和对其他先进文化的排他性，导致文化传播节点数目减少，缺乏开拓性和传播活力，文化固有机制出现老化，难以适应社会经济和文化的新发展，并最终导致良渚文化的全面衰减。

（三）自然环境的恶化使良渚文化丧失持续发展的动力

根据 SIS 模型，在每个时间段，$\varphi(t)$ 是文化的外接点，反映了自然环境的变迁程度。在良渚文化的发展过程中，自然环境的变迁也在很大程度上影响了文化的演进。由于良渚所在地域围绕太湖附近，太湖流域的物质资料生产是以稻业为主的农业，稻业的丰欠对良渚文化的兴衰有着举足轻重的影响。而稻业农业的发展则与水利资源的开发密切相关。在良渚文化早期，良渚区域的居民构建了聚落方位或封坛，并通过开挖河道等形成了庞大的水网系统，此时，水网系统和良渚居民的生产发展相对和谐。而在良渚文化中期，随着人口数量的增多，良渚区域的居民对水利资源的需求增多，但并未进一步加强水网系统的发展。相反，仍然是通过制造玉器等耗费了大量社会物质资源。另外，随着良渚文化聚落群的增加，长期的生活废物等影响了河道，从而对社会的物质生产造成负面影响。随着时间的推移，良渚社会由于无节制地进行大量非生产性要素的投入和由于阶层差距而产生的日益悬殊的贫富差距等，已经丧失了持续发展的动力。此时，良渚社会的自然环境逐步衰败，已经难以适应良渚社会经济快速发展的需要，即 φ(t) 已经随时间的推移而快速降低，导致良渚文化逐步走向衰退。

二、良渚文化演变基本原因探究

基于复杂网络的文化传播依赖于网络内部节点间的传播强度动态变化和外部的传播控制策略的改变。良渚文化作为新石器文化的代表，其演变和衰减正是依赖文化节点和传播强度随时间的变化。归其原因：（1）良渚区域相对封闭的稻业经济，限制了良渚文化和中原文化的交流和融合，最终引起内在传播节点数量的减少和复杂网络内传播强度的下降。（2）良渚过分依赖的宗教文化在良渚经济发展的不同时期对其产生了不同的影响。在早期由于宗教的教化作用鼓励人们提升自身的综合能力，故对良渚的经济发展起到促进作用；而在中晚期，宗教的排他性和对人们思想的禁锢性则阻碍了文化知识的共享和传承，对经济发展产生了一定的阻碍作用。其实质是良渚外部的文化传播控制策略发生了根本性变化。（3）良渚文化属于区域性文化，故当时的自然环境变迁等也会对良渚文化产生相应影响，当物质资料的生产与自然环境相适应时，文化呈现蓬勃发展状况；反之，当物质资料的生产与自然环境出现背离时，文化则出现衰败迹象。在良渚末期，由于大范围的水患导致了良渚先民的自然生存环境急剧下降，相应的良渚文化聚落群的生产和生活方式也发生了变化，聚落群开始发生转移，并与其他地方的聚落群文化融合。而随着聚落群外迁的增加，良渚文化就逐步衰退。

本节利用传播动力学理论构建 SIR 模型和 SIS 模型来研究良渚文化的演进。根据相关数学模型可知，良渚文化的兴衰一方面归结于良渚所在地域的文化传播策略；另一方面归结于良渚的自然环境随经济发展的相应演变。其启示意义在于：浙江应当进一步加强区域文化传播力度和制订相应的文化传承策略；同时加强对自然生态环境的保护力度，使自然环境与经济、社会和谐发展。这一结论对当前中国传统文化的传承和发展仍然具有借鉴意义。首先，中国社会的传统文化传承和发展依赖于与社会成员所形成的复杂网络的节点数量和网络连接强度，故政府部门需要加大对文化资源的保护力度，进一步增加网络节点的数量和传统文化的传播力度；其次，由于复杂网络的节点是每个独立的传播个体，而传播力度则依赖于有效的文化控制策略，因此，政府需要进一步加强全民族的中华传统文化教育，通过文化交流、学习教育等多种手段定期对目标受众进行文化教育，不断提高传统文化的传播力度；最后，由于文化总在特定的、动态的环境中产生与发展，环境因素将对文化发展起到至关重要作用，故应进一步采取有效经济补偿措施，针对地域性自然保护行为加强经济补偿，不断加强人和自然的和谐共处，使物质资料的生产和人类文明发展相适应。

第六章

基于新媒体平台生态的良渚文化传播驱动机理研究

新媒体所构成的媒体生态环境主要包括三大部分：平台、自媒体联盟、内容生产者。这三部分相互交织。其中，新媒体平台包括“微信公众号”平台、头条号、一点资讯、新浪微博等，每个平台上都有海量的内容生产者和读者。而如果让有意义的信息内容与有价值的传播平台相结合，让有一定水平的内容生产者与有需求的文化受众相遇，新媒体平台就可能成为具备时代文化特征的文化来源、内容的高地，构建起更加活跃也更加健康的新媒体内容生态。随着互联网时代的发展和社会生活节奏的提升，用户的时间、注意力被进一步“碎片化”和“网络中心化”。如何有效抢占用户的时间和注意力便成为信息传播需要解决的新问题。为此，更需要树立全平台思维和垂直化理念，进一步将受众“碎片化”的注意力联接成整片注意力，提升媒体平台的传播效应，打造适合新时代需要的全新媒体生态。良渚文化的宣传最早可追溯到遗址发现的20世纪30年代。多年来，为了增强社会公众对良渚遗址的深入了解，提高民众文物保护的意识，宣传手段更加多样，从专业刊物到大众媒介，从传统媒体到新兴媒体，良渚文化和良渚遗址的宣传更加体系化、多元化、公众化、社会化，为弘扬良渚遗址文化的价值发挥了重要作用。而随着新媒体平台的广泛运用，利用新媒体平台进行文化传播、信息交流成为传统文化提升文化价值的重要手段。因此，本章将新媒体平台作为庞大的媒体平台生态系统予以研究，深入探讨新媒体平台的生态网络传播特征，并分析新媒体平台如何驱动良渚文化信息的传播。

第一节　新媒体平台的生态网络传播特征

数字媒体平台是以计算机、网络、多媒体存储等技术为基础，集数字媒体内容创建、管理、传输及电子商务等为一体的系统平台。其快速发展使广告产生了深刻变革：一方面，广告的传播途径呈现多元化、立体化等特征，逐渐由传统媒体向新媒体转移；另一方面，广告的内容和制作形式也呈现新的态势，与电影的融合越来越明显。“新媒体广告”应运而生，以其短小精悍、“碎片化”的传播特征，与当前人们快速的生活节奏相适应。随着移动互联网技术的快速发展，新媒体广告更多地依赖数字媒体平台向受众传播，打破了传播主体精英化的范式，体现草根化、全民化的趋势。由于新媒体广告大多为社会组织定制，承载宣传产品或文化品牌的重任，因此，利用数字媒体平台向目标受众精准传播新媒体广告已成为企业提高品牌影响力的重要手段。

目前国际上针对新媒体广告的研究主要围绕其创意、制作、商业等方面展开，尤其侧重它的商业价值及市场运作方面，但相关传播机理研究并不多。而国内研究主要围绕新媒体广告现状、区别于传统广告的模式、与电影植入广告制作和创意的差异性比较、营销模式研究等展开，而针对“新媒体广告传播机理”研究近年也取得了一定进展。现有研究表明，新媒体广告的传播特征主要包括传播主题的全民性、传播方式的开放性、传播渠道的多样性等，而新媒体广告在向受众进行传播时，“意见领袖”则在很大程度上影响了普通受众的选择。因此，不少学者围绕受众特征研究新媒体广告传播效果的测评指标，并从新媒体广告的传播内容、传播渠道和传播效果等分析其传播机制以便更有效地利用新媒体广告进行信息的传播。总之，现有研究大多从新闻学和传播学视角切入研究新媒体广告，但尚未从传播生态学视角展开。因此，本节将利用生态传播学理论并结合贝叶斯网络，深入研究平台生态视角下新媒体广告的传播驱动机理问题。

一、新媒体平台的多层次贝叶斯网络拓扑结构

与传统环境相比，新媒体广告依托数字媒体平台传播，通过互联网进行分层级传播，是一个极其复杂的过程。数字媒体平台作为传播源向多个一层用户进行初始传播和信息的再传播。即这些用户分别作为 1 级传播者，2 级传播者，……，n 级再传播者，通过不同层级的用户转发、评论等形成一条复杂的信息传播“链”。基于该信息链式的传播过程，本节提出了一个多层次的贝叶斯网络模型，其网络拓扑结构如图 6 - 1 所示。把网络中的数字媒体平台作为信息的输入节点，成为网络根节点 G_0，再根据网络拓扑结构把中间节点逐层展开：首先，广告信号通过网络传到用户 1 处，该节点成为子节点 G_1，然后通过用户 1 的转发向下一层次的用户 1_2 进行传播，并最终向用户 1_n 传播。在这一过程中，传播信号都经过每个节点的加工，即评论和转发等向下一个层级依次传递，即以该节点不断生成子节点 G_2，…，G_n，称其为叶节点集。

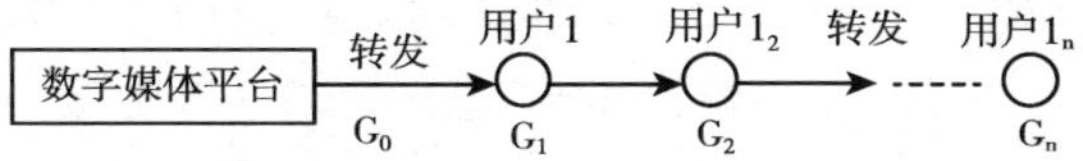

图6-1 新媒体广告传播的多层次贝叶斯网络拓扑结构

根据该贝叶斯网络拓扑传播模型可知：新媒体广告传播是以数字媒体平台为中心，经过多个传播节点G_i及其相互间的传播链接$G_1 \to G_2 \to \cdots \to G_n$所形成的一种无限扩散的链状结构。这一传播网络主要包括信号发送节点（G_0）、接收节点（G_i）和传播路径（箭头走向如$G_1 \to G_2$；$G_2 \to G_3 \cdots$）三个关键要素组成。随着信号传播链的相互链接、叠加最终形成一个庞大非线性复杂网络。可见，该网络以新媒体平台为信息传播源，用户为节点形成了一个完整的生态传播系统。

二、新媒体平台的生态系统传播特征分析

A. G. Tansley首次提出了“生态系统”概念，并对物质和相关的能量流动予以宏观性描述。Neil Postman和David Altheide等也开始从生态学视角研究传播学的相关问题。本章将“生态系统的动态平衡”融入传播学研究中，通过分析层次性的传播活动，深刻地理解当前新媒体广告的传播过程。其传播生态系统主要包括平台生态系统、纵向用户子生态系统、横向用户子生态系统等生态因素，各个生态系统因素相互作用活跃于不同形式的传播活动中，通过构成多个类似的贝叶斯网络，最终构成一个庞大的传播生态系统网络。其传播特征具体表现为以下三个方面。

（一）多元化的传播路径

在新媒体传播生态环境下，综合运用多种媒体技术手段，通过不同的信息交互方式和多元化的传播路径，使新媒体广告达到最优的视听效果。例如，借助电影、3D动画等拍摄方式，并结合时下流行的增强现实（augmented reality）、虚拟现实（virtual reality）及全息影像技术，加上开放式故事结局，让受众参与完成结局猜想和剧情设定等，使大众能通过互动选择更广泛的信息空间。

（二）故事化的传播形式

在新媒体生态下，利用媒体手段播放的新媒体广告往往具有较强的故事

化。新媒体广告紧紧围绕用户的体验和需求，通过向大众传播情感故事，满足人们内心情感的空缺，加强情感的沟通，将广告以更柔和的形态传播。例如，珠宝品牌 I DO 在 2017 年发布的“一伴·一生”纪念日系列的新媒体广告中，通过白发苍苍的丈夫对故去妻子的怀念，配合“夫妻俩在一起几十年，做得最多的事，除了爱，就是吃饭”的朴实文案，引出过往的种种小事，将看似奢侈的珠宝，融入了夫妻间的平凡琐事之中。短短 120 秒的广告，使受众产生情感共鸣，回想起与家人那些值得珍藏的故事，在此基础上进一步转发和分享。

（三）精准性的传播渠道

数字媒体平台的最大优势是通过客户分级系统对所获得的客户信息进行系统分析，深入了解用户的习惯、喜好和潜在需求，并选择特定的目标用户和区域，采取灵活多样的形式，自由地选择文字、图片或视频等，通过数字媒体精准投放系统，有效地向消费者传递相关新媒体广告，并且能对广告内容和效果进行实时监测，及时调整广告投放的方式，保证广告投放的效果。

三、新媒体平台文化传播的生态系统模型构建

（一）平台生态模型

本章从信息流动的“纵向维度”和“横向维度”入手，考虑信息生态多样性，构建了基于数字媒体平台文化传播的生态系统模型，该模型包括：网络平台的成功搭建、用户间的信息流转路径形成以及社会关系网络之间链接的形成。根据信息流流动的方向和层次，新媒体平台文化传播生态系统划分为纵向文化传播子生态系统和横向文化传播子生态系统。其中，纵向文化传播子生态系统反映了不同层次间生态系统信息的丰富程度，而横向文化传播子生态系统反映了同一层次生态系统的信息差异程度。

1. 纵向传播子生态系统

数字媒体平台将新媒体广告向第一层用户传播，随后，以该层用户为新节点，通过分享等手段向第二层用户传播，然后第二层向第三层用户进行传播，最后到第 m 层网络，层与层之间通过不断地转发评论等增添新内容，从而实现纵向生态子网络的延伸。可见，该纵向传播子生态网络是由 m 个子生态

网络组成。在这些子生态系统中，信息流的方向一般是单一、正向逐层的传播。

2. 横向传播子生态系统

利用数字媒体平台的有关转发、分享、评论等功能，同一层次的不同用户间可以通过多种手段进行新媒体广告的内容分享、信息交流等，即每一层也形成一个横向的子生态网络。即用户 1 到用户 2…到用户 n。可见，该横向传播子生态系统网络是由 n 个子生态系统组成。其信息流方向一般是双向同层传播，从而产生循环往返的回环流通。可见，新媒体广告的传播系统是一个复杂的、非线性的信息传播生态网络。从网络结构看，该网络是由“节点”“边”“子网”等子单元构成。而从生态系统角度来看，该生态网络是由不同层次的小型生态网络组合、演变而成，具有明显的动态性。即随着时间的推移逐渐向前发展，各子生态网络之间相互交叉、重叠、不断延伸，最终形成庞大的生态网络。另外，在该生态网络的传播过程中，通过转发、评论等使新媒体广告的信息流动范围和幅度都有明显提高。一方面，信息传播的规模不断增大；另一方面，信息传播过程导致生态网络的链接数量有了新的增加。即该新媒体广告信息传播沿着“初始传播”“转发扩散”和“循环回流”路径阶段性演进，最终形成了一个庞大的生态网络集群（见图 6－2）。

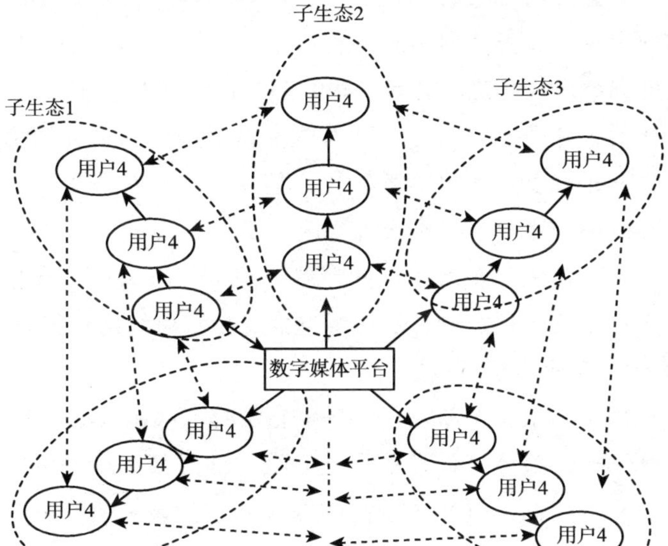

图 6－2 新媒体平台文化传播生态网络构成模型

（二）数字媒体平台文化信息传播的生态多样性和传播驱动机制

本节通过引入网络信息生态多样性的概念，从信息传播的方向和层级入手，在网络信息生态平衡的大视角下分析文化传播内在的驱动因素。

1. 文化信息生态多样性

文化信息生态多样性是指在网络信息生态系统中信息的丰富性程度。与物种多样性类似，文化信息生态多样性包含两个方面：第一，在文化信息生态系统中，信息种类的丰富程度以及每个种类下文化信息量的丰富程度，成为文化信息种类生态多样性；第二，文化信息在各个种类不同区域、层次用户之间分布的均匀程度，称为文化信息分布的生态多样性。

根据文化信息的社会属性、传播特征等可以分为不同的类型：第一，按照发布方式分为一次信息、二次信息和多次信息。其中，二次信息和多次信息往往指的是文化信息经过数字媒体平台发布后多次转发而形成的信息，主要是针对微博、博客、微信等交流方式而言。第二，根据数字媒体平台反馈所承载的信息内容。可以分为：积极信息、消极信息和中立信息。其中，积极信息往往指的是通过数字媒体平台发布信息后用户采取积极乐观的态度所表达的观点，多为正向有利的传播信息；消极信息往往指的是用户采取消极态度所表达的观点，多为负向不利的传播信息；中立信息往往指的是用户采取客观中立的态度对文化进行评价，最终表述的客观传播信息。

根据文化信息种类涵盖内容，可以体现在各种用户群体较为均衡地使用数字媒体平台发布观点，即数字媒体平台信息在各个年龄阶层、各种教育程度和各个社会阶层的用户中均衡分布。在文化传播生态系统中，文化受众覆盖面的广度、用户转发信息所承载的情绪、观点、形式的多样性都会影响数字媒体平台生态系统的稳定性，从而影响信息生态系统的自我调节和平衡。

2. 文化信息传播的驱动机制

文化信息的传播依赖于新媒体平台生态系统。根据模型，在文化传播中，由于数字媒体平台始终位于传播的最核心层，通过用户的转发、评论等进一步传播文化信息，因此，对文化传播的深度和广度具有直接的作用。但网络受众参与信息的程度仍然属于文化信息传播的表面驱动因素：当网络受众参与信息的情绪或意向为正向时，文化信息的传播节点增多，生态系统网络不断扩大；反之，当网络受众参与信息传播的情绪或意向为负向时，文化信息的传播节点减少，甚至反作用于其他节点，引起节点的级联反馈，从而引起生态系统网络的缩小和生态系统信息传播的有效性。而数字媒体平台的信息处理属性和方式则是文化信息传播的核心驱动因素：当媒体平台能够有效控制信息传播，并对信息进行正向的引导时，信息能够沿着系统网络不断扩大网络层次并继续传播；相反，当用户对信息出现负向反馈时，如果数字媒体平台不能对信息进行有效引导，则会导致网络生态系统的破坏，引起文化信息传播的中断。

可见，新媒体平台及其相关要素构成的系统与自然生态系统有很多相似之处，都包括：系统的组成均有生产者、消费者和分解者；组分之间均有正相互作用和负相互作用；都存在主导因子和限制因子；均存在能量效率问题，都存在能量演化问题，都具备完整的系统调控机制等。

总之，基于新媒体平台的文化传播发生在网络信息生态系统之中，文化传播的路径和效率的变化体现了“失衡—平衡”的动态关系，也引起了网络信息生态系统“失衡—平衡”的变化。数字平台文化信息生态系统的进化和发展是现实社会生态文明的一部分，文化信息网络传播驱动机制的研究对于理解网络信息传播规律，了解文化发展阶段、文化要素驱动机制等至关重要。可见，根据传播生态模型，在文化传播的驱动各要素中，文化受众的情绪和反馈是驱动事件的表面因素，可以通过信息反馈分析进行监测和度量。而政府文化部门则需要通过网络文本分析监测和度量受众的文化反馈，结合文化信息的反馈，做好信息传播预警和疏导工作。

第二节 基于文化生态圈关联发展理论的良渚文化传播分析

良渚文化遗址是中华文化遗产体系的重要组成部分，对当前了解新石器时期人类社会的历史、文化、科学等具有重要的文化价值和历史价值。如何有效地将良渚文化传播和文化知识传承成为良渚遗址文化遗产保护的难题。目前虽然围绕良渚遗址已经建设了良渚博物院、美丽洲公园、国家考古遗址公园等保护方案，但仍各有缺陷。其中，博物院的保护大多是对可移动文物的展示，表现为静态知识的传递；美丽洲公园充分利用了现存良渚遗址空间，但对良渚文化知识的传递内容较少；在良渚文化遗址上建立的国家考古遗址公园更多的是体现时代的保护主题，互动性和可读性较差。而良渚遗址作为人类新石器时期活动的残留片段，是中华民族发展史中可靠的信息来源。良渚遗址内出土的石器、玉器、陶器、木器等类遗物以及保留下的包括水利系统、城郭的遗址，体现了新石器时期人类智慧的结晶。良渚遗址具有深厚而多面的价值，是全人类共有的文化财富。

对良渚遗址所在区域的文脉的研究在提升浙江文化品位，增强区域综合竞争力，提升中华文化的软实力和影响力方面都具有重要的战略价值和现实意义。而从良渚文化遗址所在的区域来看，良渚文化遗址占地面积极大，与自然环境关联紧密，对良渚遗址的保护和利用更应强调对良渚现存环境的综合利用。从良渚遗址所出土的器物来说，不论是石器、玉器、木器抑或是水利系统基址，由于年代久远，残损较为明显，在可视性方面都存在着严重不足，令缺乏考古学和历史学基础的普通游客难以理解和欣赏。此外，由于良渚文化所处时期距今较为久远，很多文化遗址被大量破坏，虽然遗址内容与周边自然环境密切相关，但由于存在着观赏性差等特点，保护良渚文化依然需要被社会重视。因此，本节利用文化生态圈层相关的关联发展理论来保护良渚文化，强调将良渚文化和自然环境相结合，并与其所代表的文化精神相关联，将良渚文化提升到杭州精神乃至浙江精神的层面，通过文化遗址的保护提升对文化资源的保护和文化精神的利用。

一、文化生态学概念及文化生态圈关联发展理论模型

（一）文化生态学概念及其作用

文化生态学是伴随着科学社会主义和人文主义由“对立”走向“共融”发展而产生的一门新型的交叉性学科。从学科来源和构成来说，文化生态学属于将生态学方法用于文化学研究的新型交叉学科，旨在研究社会对环境的适应过程。20世纪50年代，美国文化人类学家斯图尔德在其著作《文化变迁理论》首次提出“文化生态学”概念。并对文化生态学研究范畴作出描述，认为文化生态学研究对象是自然生态环境与文化相互关系和作用，研究一种文化对其环境的适应过程，探究这种适应能否引起社会内部的变迁和变

革。而王玉德则认为："文化生态学把文化的生态背景、多样性、群落、组成结构、网络和链条及其变迁作为主要研究内容。"目前，文化生态学的研究包括：通过对不同生命历程、自然生态、内部构造、文化流派以及文化态势等方面对河洛文化和岭南文化进行了比较，并认为河洛文化的内部构造整合单一、文化生态比较封闭，在文化态势上比较传统，而岭南文化则属于海河型文化，文化态势上比较新潮；也有研究认为区域文化鲜明的地域特征和气质来自该区域独特的自然环境和人文环境。

从文化生态学角度来看，文化学和生态学以"环境"这一纽带而相互作用。文化的发展与周边特定环境密不可分，彼此是一种互动关系。文化是行为的动力，环境则是被改造的对象。文化受到环境因素影响的同时，也对外部的环境因素起到重新塑造的作用，如人类通过某些文化手段，包括研发新技术、开发和利用新能源等，从而强烈影响甚至破坏自然环境。哈里斯在《文化唯物论：为文化的科学而战》中系统阐述了文化唯物论的理念，并认为经济和技术等因素形成了社会特征最基本的角色。在两者互相影响的过程中，特定的地域形成了特有的文化系统。其主张从人、自然、社会与文化的各种变量交互过程中研究文化发生和发展的具体规律，从而寻求不同民族文化发展的特殊形态和模式。

从文化哲学角度来看，文化生态学是实现人和自然协调发展，促进人口因素、环境条件和资源利用进入良性循环的文化体系，因此，文化是包含多个子文化的有机集合。每一种文化都与其他文化相比较而存在，相互吸收而发展，不同特征、不同品质的文化并非孤立存在的，而是出于一个动态的生命体，文化之间相互作用的动态关系最终促使了不同的文化群落、文化圈甚至文化链的形成，而这些文化要素共同构成了人类文化的有机整体。特别是在文化变迁中，生态因素肯定不是唯一的力量，但其在文化变迁中的作用具有绝对性。所以文化生态学重点研究环境变化对文化演进和变迁的影响，是因为作为文化载体的人的特征在很大程度上是由特殊类型的生态决定的。

文化生态学的意义在于挖掘文化可传承因子和发现导致文化变迁、消亡的原因。当前，文化因素是推进人类社会发展的重要力量，社会的文化问题也日益突出，各种文化矛盾和文化冲突层出不穷，包括传统文化和现代文化的冲突、中国文化和外国文化的冲突、民族文化和历史文化的冲突等。如何解决这些文化间的矛盾，促进社会进步成为社会需要考虑的重要问题。如果社会的文化结构出现问题，可能引发社会价值观念沦落、理想和境界的缺失、政治原则失灵、政治行为失控、政治决策失当等社会问题；相反，如果一个社会的文化结构相对完善，社会文化要素的关系较为紧密，文化的正向引导作用则会引导社会向前发展。总之，文化生态体现了人类行为和自然属性的统一，是特定历史时期社会中具有代表性的价值观念和精神内涵的具体体现。文化生态的和谐性反映了社会文化和社会生活的和谐性，而文化和社会各领域的互动则能对社会进步起着促进作用。

（二）文化生态圈关联发展理论模型及系统分析

从生态视角来看，地球处于完整的自然生态圈。各个物种之间相互竞争与合作共同完成完整的圈层生态系统，而物种和物种之间、物种和环境之间的关联发展也使生态圈内部达到了统一性和多样性的平衡，从而达到物种共生态的和谐状态，它们互为联系、共同发展。而从文化生态的角度来看，不同的文化互动和依存关系形成文化共生态。文化生态圈就是在一定区域或范围内人群或人类社会共有的宗教、社会习俗和价值观基础上形成的相对稳定的文化共同体。不同文化圈之间的互动共进和文化圈内种群的共生可以成为文化共生态，即文化民族性和世界性的关系。两者的平衡需要文化和文化之间、文化和环境之间形成关联发展、互相推进、共同促进文化生态圈的和谐状态（见图6－3）。

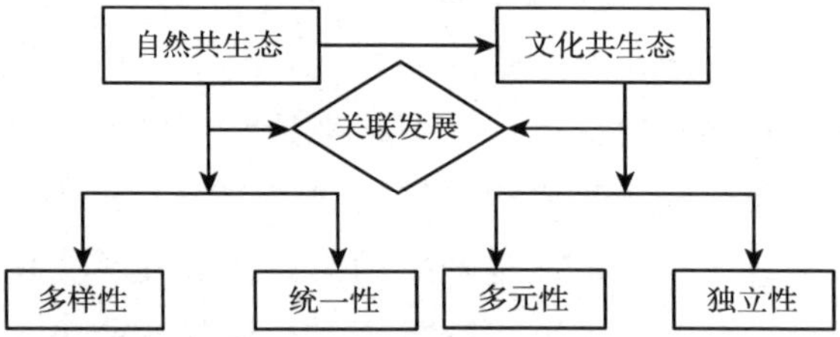

图6－3 自然生态学和文化生态学关联发展

而在古良渚时期，良渚古城内生产要素、环境要素、社会管理要素等各部分因素相互关联发展才能得以存在。其中，关联发展理论强调文化和环境的互动关系，环境包括影响文化生存发展的一切因素，主要包括外环境和内环境两类。其中，外环境包括具体的社会经济制度、政治制度和自然地理状况等；内环境指文化范围内不同文化，包括不同民族、不同宗教、不同学派和不同地域的文化等。环境中孕育了文化，文化改变了环境，通过内外环境之间的相互和谐共处、关联发展，最终达到双赢局面。

在5000多年前的古良渚文化时期，良渚居民的生产技术水平有了很大的提高，围绕环太湖流域形成了一个强大的生活圈，由于太湖流域便捷的水利资源，人们的生活方式也更多地依赖水资源，包括稻业等农作物的生活方式取得了很大的发展。同时，良渚文化是人类进入文明的源头阶段，良渚先民对于天地的看法和行为在一定程度上影响着后世人们的思想发展。可见，自然环境和文化密切相关，遗址体现了良渚所在地的精神和文化，同时遗址所在地的自然环境和社会环境关联发展、相互影响。

二、基于关联发展理论的良渚文化传播和保护

根据关联发展理论，文化的发展对于社会进步至关重要，其具有同一性和多样性平衡的特征。关联发展理论强调文化和环境之间的动态平衡。特定的自然环境孕育特定的文化，而特定的文化类型则反映当时的环境。因此，关联发展理论可以为遗址的保护利用提供较好的思路，即将良渚遗址和所处的自然环境密切结合，并和其所在地的文化精神相关联，与大区域内的其他遗址和产业相协调，构建区域内的文化系统，通过文化间的相互影响和继承发展，提升区域竞争力。

（一）良渚文明和自然环境的融合

一方面，良渚文化遗址的保护需要借助良渚所在地优化遗址环境，增加绿地和文化休闲环境，为居民提供更多的文化场所；另一方面，尽量模拟原始遗址生存状况，使公众通过浏览遗址现状能够感知新石器时期文化的内涵。特别是可以利用数字媒体技术，构建包括良渚生存区域的模拟，包括自然环境的流水、雷声等，模拟复原原先的生产生活方式，让游客亲身经历体验感知石器和陶器加工的全过程。通过声光电模拟新石器时期自然环境的保护等，一方面，提升公众对保护环境的意识；另一方面，增加公众对良渚文化的理解和兴趣。当前良渚博物馆整体是以良渚遗址为基础，结合了声光电等技术手段，对良渚遗址的自然环境和文化状况进行了模拟，博物馆保留了很多精美的玉器和陶器，形成了集自然环境和良渚文化为一体的文化和生态双重旅

游体验感知。游客通过浏览良渚先民的生产、生活状况，对比自身生活状态，思考当前社会的进步和发展，并激励游客回归现实生活并进行奋斗，这成为良渚文化的教育价值和传播价值。

（二）良渚文化与杭州文化精神相关联

良渚文化所包含的文化精神是新时期良渚先民给我们遗留的非物质遗产以及文化所在地5000年来孕育的杭州地域文化和精神的综合。良渚文化遗址不仅留下了包括陶器、礼玉、石质农业器具的遗物以及大型水利系统和城郭等遗迹，更重要的是留下了良渚区域文化的根源、中华民族历史的文脉。通过将良渚文化遗址与杭州文化精神相关联，可以增强杭州居民对良渚文化的认同感和使命感，同时，为各地受众了解杭州文化渊源奠定历史的基础。

良渚文化代表性的人兽面纹、城市聚落布局等都体现着良渚先民的智慧，而良渚文化遗址所孕育的杭州地域文化和思想更成为浙江精神乃至国家精神的根源。利用新媒体，可以将良渚文化的相关遗物和遗迹通过图片、文字、数字化展示和文化体验等形式展示良渚遗址留下的精神和文化。另外，由于文化的相互关联性，也可以将良渚文化和崧泽文化、钱山漾文化等一起作为整体民族“文化体验”系列，通过丰富多样的宣传活动，弘扬地方特色历史文化。

三、基于关联发展理论的良渚文化的新媒体传播策略

良渚文化的保护和利用，需要同良渚区域内其他文化资源相关联，并要构建与区域文化资源相配套的交通、服务设施等基础建设。而良渚文化遗址保护和传播的关键在于将良渚遗址与区域内自然景观、文化景观相联系，增加遗址的经济效益，扩展遗址的知名度，提升良渚乃至杭州本地居民的文化幸福感和参与感，共同构建稳定的区域内文化体系，构建发展相关的良渚特色文化产业，提升杭州城市文化品位，增强杭州城市的综合竞争力。通过文化产业体系的完善带动良渚周边经济的增长和良渚特色文化旅游业的开展，同时反馈于良渚文化遗址公园的保护开发，形成“互联网＋生态”的良渚文化保护开发模式，最终使良渚文化遗址保护和城市发展协调与相互促进，实现更高层次的契合，从而展示蕴涵在良渚文化遗址中的核心文化价值。

（一）整合生态网络，优化媒体平台，立体化推广

由于文化的发展离不开自然环境和社会环境的影响，因此这些环境因素通过关联发展，才能达到统一性和多样性的平衡。又由于新媒体广告的传播覆盖整个生态网络，因此要充分挖掘多种媒体优势，采取立体化、多元化的策略。例如，通过微博、微信等网络平台构建引发受众关注的良渚文化话题，在电视、报纸、户外等传统媒体上投放与良渚文化有关的广告。特别是通过对新媒体链接方式的优化，使用户能有效地向下一层级进行传播，通过受众节点的扩张，不断拓展受众面，提高与受众的接触频率。

（二）不断满足受众的需求，加强传播的精准性

由于新媒体广告可以利用数字媒体平台对用户信息进行分类，针对不同受众群体，提供差异化的信息传播路径，精准投放给目标客户。作为一个生态网络，信息的传播依赖于不同受众所选择的载体，故企业可以利用媒体融合的数字化优势，采取定向、定点地进行推播，使其在最合适的时间以最优的方式向目标客户投放新媒体广告，实现生态网络信息的正向流动，做到精准化传播。而良渚文化所在地的保护利用应当与区域内其他文化资源相关联，将自然环境、本地文化传统、大区域内其他遗址遗迹文化产业等统筹考虑，不断推进与文化有关的交通、服务设施等基础建设。加强景区和景区间的联系和发展，构建区域内的文化体系，创造发展绿色文化休闲产业，提升城市的文化品位，增强综合竞争力。

（三）整合受众资源，加强传播的针对性

由于新媒体广告传播的核心是受众，只有通过受众的合理、有效反馈才能使新媒体广告传播生态系统保持动态平衡，真正体现用户的价值，因此应充分利用数字媒体平台，加强信息的收集和系统性分析，充分了解受众的需求，强调物质遗产和非物质遗产的结合，强调对良渚文化的关注，将良渚遗址和所在地的文化精髓相关联，从而增强当地居民的认同感和使命感。同时，通过新媒体让受众了解文化渊源，并提供了良好的而直观的载体。在新媒体广告的制作和创新过程给予帮助，使广告的传播更具针对性，内容资源和渠道资源相一致，最终实现各个子系统上的有效传播。

（四）良渚文化传播系统总结

文化生态关联发展理论强调的是文化和环境的互动关系，而对良渚文化遗址的解读离不开环境的影响因素。在良渚文化申遗背景下，当前对于良渚文化的传播应当更加立体、多样地展示其文化遗址全貌，全面阐释文化遗址所涵盖的物质和文化信息，让公众了解良渚文化内容特别是良渚现存遗器和遗迹的文化含义。帮助公众认识良渚社会的发展规律，使公众认识到保护环境的重要性，进而让公众更加尊重自然和社会的发展规律，实现人和自然的和谐共生。而在这一传播过程中，更要有效地利用新媒体平台，将新媒体平台作为文化信息中心和传播中心，通过逐层的信息流动，形成一个庞大的文化信息生态网络：一方面，形成了富含多个子生态系统的纵向传播系统，通过层级网络进行信息的跨层级传播；另一方面，在同一层形成了多个水平横向传播系统，通过同层调节点的关联关系进行信息的水平传播。最终，通过有效地利用数字媒体平台的特性，了解目标受众在媒介接触方面的相关状态，及时跟踪目标消费者群体对新媒体广告的认知理解和对广告的反馈活动，并将收到的相关信息及时进行整理反馈，贯穿于新媒体对良渚文化传播过程的始终，最终推动该生态系统动态可持续的发展。

第七章

嬗变与重构：多元文化背景下的良渚文化主脉探寻

文明的发展和创造和人类对物质的需求相适应，与其所处的生态环境也相适应。良渚文化是新石器时期文化的巅峰，其文化跨越时期长达1300余年，所承载的文化内涵丰富。良渚文化的发展，是良渚古城经济和社会稳定发展并与之相适应的结果，并形成一种特殊的文化形态。这种文化随着时间的推移，不断地对自身进行发展、传承乃至嬗变。并且每一次良渚文化的变化都与“人与自然”的关系转变密切相关。当良渚所在地的地理环境、物质生存方式、社会组织形式和人文环境等发生变化，即所处的文化生态环境发生变化时，将产生一种全新的“人与自然”关系，传统文化也将相应地转化为另一种形态的文化，这种文化形态的转变是从量变到质变的过程，是千余年的文化积淀和物质积累过程。因此，基于文化生态学的相关理论，需要进一步把握文化生成和文化环境之间的调适和内在联系。现有研究大多从历史学和考古学的角度对良渚文化进行分析，着重从文化进程、遗产保护、文化传承等进行分析。然而，对良渚文化发展历史脉络的具体变迁过程，如何进行文化传承和保护研究相对较少。此外，还有很多疑问有待解答。例如，良渚文化脉络中的“断层现象”一直悬而未决，良渚文化时期的社会结构究竟是怎样的？而这些关键问题则植根于良渚文化主脉研究中。因此，本章研究从文化学本质入手，将文化变迁的过程即“嬗变”，以及当前文化的发展即“重构”作为研究切入点，目的在于对良渚文化主脉问题予以阐述，着眼于良渚文化的传承和发展。本章主要围绕两个基本问题进行分析：（1）在多元文化背景下，良渚文化的主脉（历史脉络变迁）的过程是怎样的？其嬗变和重构的过程如何？（2）在多元文化背景的冲击和影响下，良渚文化如何通过数字化手段寻求发展并予以传承？

第一节 良渚文化主脉变迁机制研究

良渚文化是以良渚地域稳定的社会形态和以稻业农业、玉器制造业、制陶业为特征的自然文化形式。良渚文化的内涵、社会价值随着自然、社会、人文环境的发展变化而变化，并随着良渚社会文化的发展而产生相适应的变化。良渚文化作为新石器时期最具代表的文化生态，随着自然环境的变迁，玉器制造、陶器制造等手工业技术的发展，良渚社会不断发展并演进。在这种文化形态发展流变中，既体现着良渚文化传承千年的技术发展过程，也体现着良渚文化人文意识形态、文化发展的历史与嬗变。因此，本节将从多个视角梳理良渚文化的发展脉络，详细阐述良渚文化和传统文化的内在关系，并从跨学科领域角度详细阐述良渚文化脉络变迁过程以及良渚文化数字化传承的意义。

一、良渚文化变迁过程

良渚特殊地理位置、良渚文化的内容统一、社会制度的相对稳定、经济的领先地位，使良渚文化在新石器时期得到长足的传承、发展和完善，良渚地域特色文化形态得以形成。典型的玉器制造和围绕玉所形成的社会等级差异丰富了良渚文化的内容，这使处于发展、传承和完善时期的良渚文化社会价值也随着时间的推移而发生变化。相比于崧泽文化、钱山漾文化时间跨度，良渚文化时间跨度长、内涵丰富。这或许与当时良渚地域稳定的生态体系、自然发展相适应的文化体系相一致。其外在影响因素包括地理环境、物质生存方式、社会组织方式等；内在影响因素主要是良渚地域的社会人文环境。良渚文化的发展按照一定的社会规律前进，而这种文化进程是一种内部调整调节的模式。因此，对良渚文化的传播模式也应当适应其发展变迁规律。

良渚文化传播模式的变迁路径始终伴随着媒介技术的发展。良渚文化的传播与良渚的自然环境、社会环境等密切相关，同时受到经济、政治等因素的影响。其由最初的平面传播到电视、广播、新媒体等，良渚文化的传播变迁模式随着技术革命的发展而发展。根据已有的技术接受模型理论，本章提出了良渚文化传播变迁模型理论（见图 7 - 1）。其中，文化感知有用性是指人们在使用不同媒介进行文化传播过程中，通过媒介传播，受众对文化的感受得到良好的改善。文化感知价值性是受众的主观感受，受众凭借自身的生活经验、主观准则、主观印象、产出质量等相关因素进行判别，探究新媒体对良渚文化传播模式变迁的规律性。

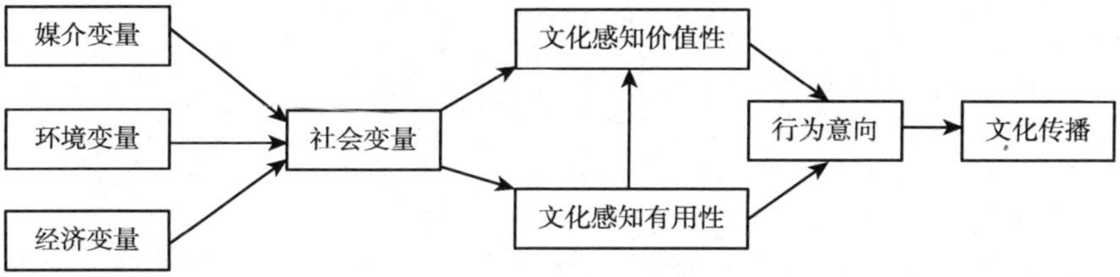

图 7－1　良渚文化传播变迁模型

1. 媒介变量的演化

文化借助多种媒介逐渐走向大众生活视野。技术是社会的推动力，以文化媒介融合历程为例，分为口口传播、传统媒介阶段、新媒体艺术阶段等多个阶段。一方面，通过媒介变量的演化，对良渚文化遗产进行了活态传承，克服外部环境变量的影响因素，并将相关的文化影响进行相关的保存；另一方面，通过媒介变量的变化，将良渚文化的传播与时俱进，始终与社会发展相适应。

2. 环境变量的演化

影响良渚文化传播的外部环境包括宏观环境和微观环境。其中，宏观环境主要包括政治环境、经济环境、社会政策环境、技术环境等；微观环境包括组织形态、传播中介、社会公众等。环境变量的演化影响了社会变量演化，最终影响了文化传播的效率。

3. 经济变量的演化

影响良渚文化发展的经济因素，包括农业、手工业等的发展状况。农业的发展状况主要与良渚文化中稻业农业工具变化密切相关，石制工具的变化程度直接反映了农业发展装。而制陶业和礼玉的制作工艺变化和类型则直接反映了手工业的演化情况。此外，包括木制工具的应用、丝绸制品等也在一定程度上反映了社会经济发展因素。

4. 社会变量的演化

影响良渚文化传播的外部变量包括社会变量、媒介变量和受众变量（见图7－2）。其中，社会变量主要包括公众参与性、文化观念、文化生态和政策环境等；媒介变量包括口口传播、传统媒介、新媒体传播变量；受众变量主要包括一般受众、特殊受众和潜在受众变量等。三种变量之间相互促进、相互影响，使受众和媒介均在社会环境中发生变化，媒介本身影响受众的传播行为。

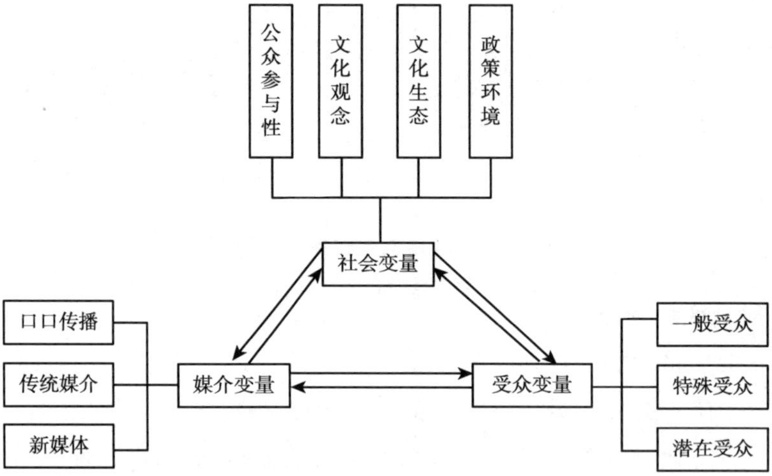

图 7－2　良渚文化传播的外部变量关系

受众主要包括一般受众、特殊受众和潜在受众。社会变量主要包括公众参与性、文化观念、社会生态、政策环境等。文化传播模式伴随着受众的行为态度发生传播主体的变迁，受众受到公众参与性、文化观念、文化生态、政策环境层面的塑造，良渚文化的传播受到媒介变量和受众变量的影响。假设用户节点 U 在 t 时刻处于兴趣节点状态，P_{ii}表示在时间[t，t+Δt]内保持兴趣节点的概率，Δt 定义为节点状态转变或保持的一个周期，P_{ip}表示由兴趣节点转变为传播节点的概率。构建文化传播的动态转化模型为 $P_{ip}=P_{il}\,dU/dt$。社会文化的变化除了受众对事物本质的认知之外，还受到外界的影响，尤其是在社会网络中，与个体有密切联系的节点的影响。当受众个体对文化态度与外界对文化态度出现不一致时，这种不平衡的状态将会对个体产生一种寻求改变的改变，最终造成文化认知态度的变化。而在微观层面上受众个体对文化认知的变化在宏观层面上就表现出文化的演化和变迁趋势。因此，对于社会个体而言，外界对文化的影响是个体受众文化认知产生变化的重要动因，而从社会网络角度看，外界态度中的一个重要因素就是周围受众对文化的认知。

二、良渚文化变迁模型研究

在复杂的社会结构下，各种不同文化服务于社会发展，造就了文化的多元化，也就是复杂社会背景下的多元文化。当前，中国在社会主义文化建设方面取得了丰硕成果，并以更开放的心态迎接世界不同地区文化的影响和冲击。一方面，世界文化逐渐进入中国；另一方面，中国文化逐渐融入世界。在这种良好的社会文化环境和氛围下，不同文化间的交流和合作进一步加快，传统文化的传承和发展成为文化研究的落脚点。随着多元文化的交融，探究良渚文化历史演变即文化主脉，文化的传承和发展不仅是文化本身的问题，也是关系着民族身份认同的问题。文化演化开始时 2 个不同的地理空间G_1、G_2分别与文化空间C_1、C_2重合，地理空间不会演化，而文化的空间则会超越地域版图随社会环境变迁而演化变迁。而处于不同地域空间的受众通过连接形成社会网络，在地理版图的交界处，不同文化认同的个体在社会网络中相互连接、相互影响，导致文化信息C_1、C_2产生融合形成融合文化区域C_{12}。如果受众对文化的认同感为 a，而与之连接的文化认同感为 b。文化的变迁概率为p_{ab}，则$1-p_{a\to ab}$表示为保持 a 文化状态不变；$1-p_{ab\to a}-p_{ba\to b}$维持 ab 状态。对于目前区域$C_1$中受众文化迁移概率，构建模型计算如下所示：

$$p_{a\to ab}=p_{aCb}\times\theta_b^1\times(\rho_b+k\times\frac{n_{ab}}{n}) \tag{7-1}$$

$$p_{b\to ab}=p_{bCa}\times\theta_a^1\times(\rho_a+l\times\frac{n_{ab}}{n}) \tag{7-2}$$

$$p_{ab\to a}=p_{ab\to Ta}\times\theta_a^1\times\frac{n_a}{n} \tag{7-3}$$

$$p_{ab\to b}=p_{ab\to Tb}\times\theta_b^1\times\frac{n_b}{n} \tag{7-4}$$

其中，$\theta_a^1=\theta_a$，$\theta_b^1=1-\theta_a$

区域G_2中受众的文化迁移概率，构建模型计算如下：

$$p_{a\to ab}=p_{aCb}\times\theta_b^2\times(\rho_b+k\times\frac{n_{ab}}{n}) \tag{7-5}$$

$$p_{b\to ab}=p_{bCa}\times\theta_a^2\times(\rho_a+l\times\frac{n_{ab}}{n}) \tag{7-6}$$

$$p_{ab\to a}=p_{ab\to Ta}\times\theta_a^2\times\frac{n_a}{n} \tag{7-7}$$

$$p_{ab\to b}=p_{ab\to Tb}\times\theta_b^2\times\frac{n_b}{n} \tag{7-8}$$

其中，$\theta_a^2=1-\theta_b$；$\theta_b^2=\theta_b$；p_{aCb}、p_{bCa}和$p_{ab\to Ta}$、$p_{ab\to Tb}$分别代表文化开放包容度因子和融合态不稳定度因子；θ_a^1、θ_b^1分别代表区域C_1中文化 a 和文化 b 的地位；θ_a^2、θ_b^2分别代表区域C_2中文化 a 和文化 b 的地位；θ_a和θ_b分别代表全局文化 a 和文化 b 的本土地位。k、l 分别代表 ab 双文化接收者对文化 a 和文化 b 的单文化认同感改变的影响程度。$\frac{n_a}{n}$和$\frac{n_b}{n}$、$\frac{n_{ab}}{n}$分别代表受众个体社会圈子网络中各类文化者的占有比重。其中，n_a表示对文化 a 的数量受众，n_b表示对文化 b 的受众数量，n_{ab}表示文化 ab 双文化的受众数量，n 表示受众的总数量。

从模型可以看出，社会文化变迁依赖于社会文化调控变量。不同文化类型的数量(n_a，n_b)、文化地位(θ_a，θ_b)和区域内的人口流动变量作为社会环境变量，而可变的文化调控变量依赖于文化传播态势和演化调控。根据该模型，良渚文化的变迁受到 4 类因素的影响：其一，良渚文化群体对中原文化的包容程度；其二，良渚文化群体的“融合态受众”对不同类型文化演化的影响；其三，文化融合态变迁因素；其四，良渚文化受众心理特征因素等。在这一文化变迁过程中，一方面，在新石器早期和中期，当良渚文化受众变迁因素强于外界因素时，良渚文化成为强势文化，外界文化属于弱势文化，此时，良渚文化受众的文化自主性高，更能保留良渚的固有文化，而弱势文化受众文化自主性弱，容易失去自身文化。在新石器晚期，由于良渚地域受到自然环境和社会环境的双重演变，文化自主性下降，而中原文化逐步迁移，最终使良渚文化的固有内容逐步迁移消失。另一方面，良渚文化受众本身往往通过文化融合来发展自身，而不是封闭保护。良渚文化较多地融入其他类型文化成分，特别是一部分良渚文化在外迁到钱塘江以南流域过程中，与当地生产生活形成的文化相结合，既对原有文化有所保留，也有所扬弃，最终形成新的钱漾山文化和广富林文化。而文化的迁移始终处于动态变化中，强势文化必然不断侵入弱势文化，随着良渚文化进入晚期，良渚文化本地的地位下降，而区域内人口外流量增多，社会网络中的良渚文化传播比例下降。相反，广富林文化和钱漾山文化逐渐变强并反向作用于良渚地域的良渚文化受众，使良渚地域的良渚文化最终被同化而消失。总之，根据本节建立的文化迁移模型，良渚文化的变迁受到多种内外界因素制约，最终发展取决于良渚文化与其他文化的同化和融合程度。

第二节　良渚文化的重构过程

多元文化是影响文化发展的基本态势。伴随着以多种方式“入侵”传统文化体系的外来文化，带着新鲜的文化元素，刺激着原有模式下的传统文化的思想体系，冲击着民族文化的原有隔绝壁垒。在多元文化发展的背景下，对于良渚文化而言，多元文化元素逐步打破固有文化壁垒，使良渚文化的重构成为必然也是必需的。良渚文化和外来文化的互动中所做出的有选择性的“文化创新”和“文化融合”就是文化重构过程。即“将其中有用的内容有机地置入固有文化之中，导致了该种文化的结构重组和功能的革新，这种文化的适应性更替就是所说的文化重构”。文化重构属于文化人类学特殊的进化论范畴，最早源于美国人类学家斯图尔德的“文化适应”概念。其中，解构和建构都是传统文化重构的重要任务和重要环节。解构是需要打破传统文化固有构成内容和体系，删除错误的、过时的文化要素；建构则是对已经打破的文化要素和内容进行甄别，选择正确的、符合时代发展要求的各种文化要素进行重组，并建立新的内容和体系（见图 7－3）。

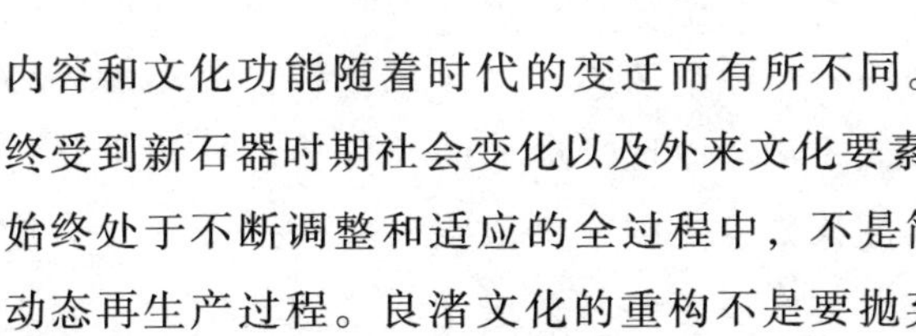

图 7－3　文化重构的组成及其过程

文化要素的内容和文化功能随着时代的变迁而有所不同。良渚文化历经千余年历史，始终受到新石器时期社会变化以及外来文化要素的影响。因此，良渚文化的重构始终处于不断调整和适应的全过程中，不是简单的改组，而是一种有意识的动态再生产过程。良渚文化的重构不是要抛弃良渚文化，而是要对良渚文化进行再加工和再创造，促进良渚文化的结构重组和功能创新，实现良渚文化的创新性继承和适应性发展。良渚文化重构是更好地传承和弘扬中华优秀传统文化的基石，也是人们对传统文化产生自信的根本。即良渚文化吸收了中原文化中的某些稳定性文化元素，并结合良渚文化所在地——

环太湖周边环境做出相关的文化反应，在应对环境变化过程中既有传承，也有创新，并在这种新陈代谢中不断发展。而良渚文化并非完全静态和封闭的，相反是通过适度调适而实现的文化的相对稳定性，最终经过文化重构后以自己的文化传统进行有机编码，形成稳定的文化体系。良渚文化在重构过程中实际常以文化的基本框架作为解构支撑，在此基础上对其进行完善和补充，促进逐步解构的深度融合。

一、良渚文化重构中的问题

良渚文化的重构需要积极吸收良渚文化中的精华，并与新时期中国特色社会主义先进文化相结合，通过对良渚文化的再加工和再创造，促进良渚文化的结构重组和功能创新，以实现良渚文化的创新性继承和适应性发展。可见，通过对良渚文化的重构，可以进一步弘扬中华优秀传统文化，推动传统文化和社会主义文化的一体化发展和有机融合，并以全面的文化自信凝聚中国自信的精神力量。但是，受限于良渚文化的特定历史时期，良渚文化重构面临着文化定位不清、文化结构确定困难、文化内容甄选困难等现实问题。只有理清这三重困境，才能正确认知良渚文化传承中的深层障碍，促进良渚文化的创造性转换，推动良渚文化与社会主义先进文化的一体化发展和有机融合。

（一）良渚文化重构面临文化定位不清难题

良渚文化重构的准确定位，需要明确重构之后的良渚文化究竟是什么，在整个国家文化体系中的具体位置，以及与社会主义先进文化的具体关系，与世界优秀文化成果的联系，这也是良渚文化重构的前提。而对良渚文化的重构定位，不能离开中国的文明史谈文化重构，更不能脱离现代马克思主义的中国化进程而谈重构。而现今最大的问题是对良渚文化传承和弘扬的选择困惑、文化功能的认知迷茫以及价值判断标准的迷失等态度和心理。在良渚文化传承面前迷失方向实质是对良渚文化价值认知的不确定性反应，使良渚文化重构的标准、方向难以确定。

一是西方价值观念的冲击导致人们对良渚文化传承和弘扬的选择产生困惑。随着改革开放的发展，一些西方价值观念对中国传统意识形态造成冲击，也给中华优秀传统文化的传承和弘扬带来挑战。部分价值观念由于满足了部分人的利益或其他猎奇心理，从而具备很强的诱惑力，这使部分人对传统文化及其蕴涵的价值观念往往产生批判和排斥态度。而良渚文化中所包含的崇尚神灵等内容和当今社会发展相矛盾，更导致受众对良渚文化的传承和弘扬中表现出选择困惑，不知道究竟应该选择哪些内容弘扬，以及如何去弘扬。

二是多元社会思潮对良渚文化价值判断标准的迷失。改革开放以后，西方新自由主义、存在主义、后现代主义、消费主义等多元社会思潮出现以及不同向度的价值取向，对中国传统社会价值观念造成巨大的冲击。在多元价值观念下，良渚文化所体现的良渚先民勤劳、拼搏的社会价值观念也受到冲击，人们对传统价值体系目标和规则逐渐被抛弃，传统文化价值观被颠覆，对良渚文化价值判断标准越来越失范。

三是良渚文化中包含大量的宗教、图腾等原始社会的文化残余，这对当前人们的思想和行为带来了一定的负面冲突，使人们对良渚文化的价值导向功能、凝聚民心功能、教育引领功能以及促进和谐功能等认知产生迷茫，从而产生对良渚文化的自迷困境之中。

（二）良渚文化结构确定困难

良渚文化重构结构的确定，需要明确重构之后的良渚文化结构究竟是什么样，如何正确处理良渚文化结构的“破”和“立”的关系，良渚文化在中国文化中所处地位的正确认识，也离不开对良渚文化和世界先进文明成果关系的正确认识。然而，良渚文化的“破”“立”分离导致对其解构和建构的统一较难，传承良渚文化的优秀传统和开拓创新文化的矛盾导致文化结构的稳定和开放协调困难。其一，结构需要打破良渚文化既有的结构，剔除过时的、错误的文化要素，而建构则需要将这些正确的、符合时代发展要求的各类文化要素进行重组。当前西方发达国家呈现出的现代危机使人们对中国传统文化有了新的认识，促使人们迅速确立传统文化的主导地位，而不对传统文化及其深层结构进行系统反思和全面剖析。其二，需要协调传承良渚文化和吸收西方先进文化的矛盾过程。在这一重构过程中，常出现稳定和开放的协调难题，在传承良渚文化的过程中，需要人们以开放的心态面向世界，适应快速多变的社会现实，特别是改革开放以后，效率优先。效益至上的思想促进了生产力的发展，推动了社会的进步，要求人们以开放的心态对待效益至上的理念、对待义利关系准则，打破良渚文化潜意识中的“自我”偏执遵循，以适应现代社会的快速发展。其三，在中国走向全球化过程中，良渚文化与西方现代文明产生激烈的文化碰撞，西方现代文明中的自由意识存在于西方社会阶层关系中，往往强调个体对自己的生存和命运负责。强调个人价值通过奋斗而获取，其文化的主流在于“世俗理想主义”，通过创造属于个人的人间乐园作为历史的终结。这与良渚文化以集体协作为主，个人创造为辅的文化类型存在比较大差异。故更需要打破当前西方意识形态的个人主义精神内涵，构建符合现代良渚文化发展的全新价值理念。

二、良渚文化传承过程中的内容甄选与挖掘

良渚文化传承的关键是理解良渚文化的内涵、文化的主旨和内容。良渚文化重构的内容甄选，首先要明确重构之后的良渚文化应当包含哪些内容，应该如何对这些内容进行选择，这些内容与新时期中国特色社会主义文化的具体关系等，这些都是文化重构的重点。甄选良渚文化重构的内容，首先需要对良渚文化的内涵、发展历程等进行详细解读，并对良渚文化代表性的玉文化、陶文化、稻业文化等进行现代性挖掘，了解文化背后的社会学意义，以及文化背后蕴涵的良渚先民们的勤劳和智慧。然而，在文化传承过程中，受限于良渚文化所处的特定的历史背景、良渚先民的文化诉求以及包括中原文化等外来的文化侵袭等，都对良渚文化的重构和传承产生巨大的影响。

（一）保持良渚文化完整性和现代转型诉求的错位取舍

良渚文化的完整性离不开良渚特殊的地理环境。从良渚文化与浙江地域关系来看，良渚文化带有强烈的自身特征和鲜明的地域特色，深深地打着杭州乃至浙江原生地域文化的烙印。由于受中原文化影响较小，良渚文化有很强的文化辐射作用，其富有代表性的稻作耕种文化反而较大程度地影响中原文化。在良渚文化时期，邻近太湖流域的宁镇、江淮等地区中，也都发现了大量典型的良渚文化因素，这表明这些地区都曾直接受到良渚文化的熏陶。作为良渚文化完整性的典型代表——良渚古城遗址见证了中华文明下的区域性社会，其社会价值和文化价值具体阐释角度是多方面的，包括古城庞大的规模、功能复杂的水利系统、分等级的墓地所呈现出的高度分化的社会状况以及以玉器为代表的社会礼仪、制度性特征，还有实证距今5000多年前中国

长江流域史前社会稻作农业发展的巨大成就。良渚古城的规划以及布局营建，在当时具有独特的意义。良渚文化的典范价值在于文化遗址对全人类的典范性示范意义。而当前随着社会的转型，传统文化也需要与当前的社会经济、文化生活相适应，重构成为现代社会发展的重要文化要素。

对良渚文化的完整解读和适应现代社会转型和发展的诉求，都是良渚文化重构内容甄选的必然要求。良渚文化的重构不能脱离良渚文化的核心内容，也不能脱离时代需要进行现代性转换。因此，必须在良渚文化内容的基础上对其内容进行一定的取舍和现代转换。然而保护文化的完整性往往和适应现代转型出现矛盾，导致文化重构的内容难以取舍。另外，文化的现代转型属于典型的“外部冲击”，属于“外源性”转型，而随着现代社会的转型，则亟须“内源性”发展。良渚文化中的图腾文化，宗教文化属于典型的反现代因素，在重构过程中需要对其进行甄别和取舍。

（二）良渚文化内容挖掘和社会文化需求的矛盾统一

从良渚文化的内容和传承方式来看，正因为良渚文化在浙江地域文化乃至整个环太湖流域文化中具有十分强大的构建作用，良渚文化研究在浙江地域文化研究中也就处于最重要的地位。从新石器的良渚文化到新石器晚期的钱漾山文化和广富林文化，再到阶级社会下出现的吴越文化、南宋文化、明清文化，杭州的历史围绕钱塘江和环太湖流域贯穿形成了一条完整的文化脉络，构成具有地方特色、极为宝贵的历史文化遗产。在多元文化的冲击中，良渚文化集中体现了中国传统的人文精神，天人合一的“自然”精神以及传统文化的包容精神。因此，研究良渚文化的产生和发展，有助于传承浙江人曾经拥有的最宝贵的地域文化和地域精神，烘托出浙江人民的勤劳、智慧，构筑更大的精神气象。随着时代发展和多元文化的相互融合，面对物质文化遗产保护带来的价值观念转变，对良渚文化的传承更多的是通过文化内容的深入挖掘，将人文精神内化为具体的人文知识并向普通受众进行传播。

由于良渚文化属于诞生于新石器时期的农业文明，而农业文明与现代工业文明存在典型的文明进程和文化内容冲突。在良渚文化重构过程中，也就难以对其转换为现代社会文化做到准确把握，特别是对文化重构的内容进行准确解读。因此，在良渚文化重构过程中，需要对社会的文化需求进行全面和深入的分析，了解不同受众的多层次性和多样性特征，需要对文化发展进行系统性的规划，尽可能地挖掘良渚文化的资源，填补良渚文化与现实文化的真空，突破良渚文化的地域局限性，建立引领社会发展、弘扬社会正气、传播社会正能力的理想文化。

总之，本节从文化生态学视角出发，系统地分析良渚文化主脉的发展、传承、完善与其生态环境变化的相互关系，为进一步论述良渚文化的嬗变和未来的发展道路，提供科学的依据。这一研究的实质是对杭城文化传承的研究，是对新时期“杭州精神”和“杭州文脉”的传承与发展。首先，本节分析了良渚文化的嬗变过程，将有利于阐述良渚先民的精神文化实质的变迁，使文化与社会发展相适应，从而更富有生命力；其次，通过阐释良渚文化的重构过程，探究“良渚文化断层”的社会历史演进和经济发展等深层次问题，汲取良渚文明发展的历史经验，为当前浙江文化发展方向提供智力支持，更好地体现文化的现代价值，重塑良渚文化遗产的人文和历史形态，使其更加形象化、具体化；最后，通过数字化的技术重构赋予这些文化遗产鲜活的生命力，使其更具人性化。这将会极大地促进良渚文化的保护、开发和再利用，并在传统文化的基础上为创造新的文化和价值观念提供了契机，充分体现时代性和“活化性”。

第三节　良渚文化的新时期数字化传承

数字化是传统文化传播的重要途径，这是由传统文化自身属性和数字化的本质特性所决定的。通过将文字、图象、影像、音乐、语音等信息数字化并整合应用，成为继语言、文字后人类媒介系统的又一次革命。传统文化的数字化建设是世界各国构建现代文化服务体系的不可或缺的重要组成部分，是提升社会文化服务的重要支撑。其中，1972 年，加拿大文化遗产信息网络（CHIN）成立，CHIN 计划是一个很著名的数字化计划，包含加拿大境内 1200 多个公益性文化遗产协会，其目的在于，通过将文化遗产数字化方便大众教育和欣赏。日本在 1996 年开始与 IBM 东京研究所、大英博物馆以及康奈尔大学等参与构建“数字博物馆计划”，以方便网络环境下数字典藏资料的检索和交互式网络的浏览、编辑。1998 年，法国文化部也开展了大规模的 JouvE 信息数字化项目，该项目着重于历史遗迹、考古学及建筑领域图片的数字化并提供相应目录和解说的编制。

而我国的数字博物馆建设起步晚。2001 年 7 月，故宫数字博物馆网站首先开通，并成为第一个真正意义上的数字博物馆。自 2002 年以来，文化部、财政部为适应信息化、数字化、网络化条件下文化服务体系构建的需要，先后实施了全国文化信息资源共享工程、数字图书馆推广工程和公共电子阅览室建设计划等重大基础性数字文化工程，旨在进一步推动传统文化的数字化建设。传统文化的数字化包含三个层次的内涵：一是文化服务内容的数字化；二是文化服务方式的数字化；三是文化管理工作的数字化。而对于文化服务而言，其数字化建设标准同样包含三个方面内容：一是为构建数字化服务平台需要建设统一的技术标准；二是需要对文化阵地管理平台功能需求分类进行标准化；三是为公众提供数字化产品和服务内容区分的标准化。而对于良渚文化而言，其数字化的核心则是文化内容的数字化。有关文化内容则分为广义和狭义的概念，从狭义概念，文化内容包含良渚文化遗址所包含的各种遗物、遗迹等实物内容；而从广义概念，良渚文化内容包含良渚文化各种实物内容及其文化演进历史中的所有非实物内容，故其数字化发展过程对于良渚文化的传承至关重要。

在漫长的演进过程中，良渚文化遗产在不同历史时期有着不同的表现方式和形态，数字化形式难以全面地反映文化空间错综复杂的知识联系。同时，由于数字媒介技术对良渚文化的传播和展现并非镜像似的全面反应，而是经过选择的结果，故不可避免地会造成在某种程度上对良渚文化信息的缺失和消解，给公众理解上造成偏颇。因此，要创造良渚文化遗产的传承方式，保持其原真性，就必须利用好数字技术这把“双刃剑”，将数字技术和良渚文化艺术达到最佳的融合（见图 7－4）。

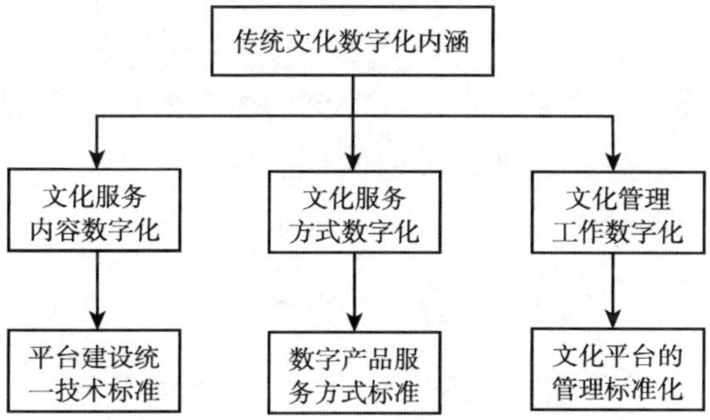

图 7－4 传统文化的数字化内涵及其数字化建设标准

一、良渚文化的数字化发展过程

新媒体以数字技术为基础，由于其自身特性对良渚文化的传播带来了较大的变革，数字新媒体以其独特的优势为良渚文化的传播构建起极具特色的数字化平台。当前，良渚文化的传播方式应当通过传统传播方式和数字新媒体相结合，在两者融合创新的同时，探寻如何达成社会效益和经济效益的双赢，真正构建起能够持续发展的良渚文化数字化传播平台，为良渚文化的进一步传承提供良好条件，具体表现在两个方面：其一，互联网多终端使良渚文化的传承者数目增多，良渚文化的传播空间增大；其二，互联网多终端的互动性可实现良渚文化的发展创新。当前的互联网用户，尤其是移动互联网用户，已经不再是单纯地接收各种信息，而是能够自主地制造和创造新的网络信息。对良渚文化感兴趣的用户可以通过数字平台对良渚文化的发展提出自己的建议，并进一步反馈生成新的文化内容，从而大大地拓展了良渚文化的发展空间。

（一）传统文化数字化实现了传统文化传播向高时效性发展

传统文化具有时间性和空间性双重特征。由于我国是历史悠久的多民族国家，传统文化的内涵丰富、种类繁杂，历史的传承方式以人际传播和文字传播为主。文化的数字化压缩了文化传播的物理时空，能够实现文化的即时、广泛传播。特别是在移动互联网时代，通过信息的数字化，文化可以在短时间内迅速传播，数字化具有高效率和高时效的特征。良渚文化的涵盖内容较广，通过数字化，不仅改变着良渚文化本身，也日益广泛地深入影响和改变社会生产和生活的各个方面。特别是新媒体文化艺术拥有数字技术和传统艺术的双重特征，其中包含非常丰富且深刻的文化内涵。新媒体文化艺术将人们的各种感官进行整合，能够让人们的情感和思维活动得到充分激发。将数字出版应用于良渚文化传播，不仅可以增强多方位记录与传播良渚文化资源的能力，而且拓展了利用开发良渚文化资源的领域。

（二）传统文化数字化实现文化的全球化变迁

文化既具有空间的维度，也具有时间的维度。文化的属性是以时间、地点和条件为转移。文化全球化是异域文化相互依存、相互交流的过程，也是经济全球化在文化领域的深层次反映和体现。不同的民族拥有不同的价值观，即使同一个民族也存在着文化个体的差异，使文化全球化和本土化的同时得到发展。文化全球化是一个双向建构的过程，文化本身可以随着社会的变迁和数字化的传播而传播。自20世纪以来，文化之间的交流和融合频率加快，多元文化在更宽广的交际范围内加速发展，促进文化的多样性和丰富性，而文化全球化其实质是全球文化资源共享的过程。通过数字媒体技术的应用，将本属于个别区域文化的资源转变为全人类共同的文化资源，促进了不同文化间的交流、沟通、融合和共享。不同文化在自己传统基础上对外来文化可能具有消化等能力，只要有合适的土壤，其中对社会进步并且有贡献的部分就会被广泛接受，并不断被吸收、融入民族文化之中。全球化提供了一个人们认识民族文化的平台，这个平台不仅是外界对特定地域文化的认识，还是该区域之间相互认识的一个平台。

良渚文化属于典型的地域性文化，通过数字化可以实现良渚文化的变迁，并且有利于将其提升为全球文化。从地域性文化向全球新文化的拓展和演变也是人类文化变迁的规律和发展的必然趋势，数字化则是实现这种转变的重要环节，也是实现这种转变的重要标志。而在这一背景下，良渚文化地区在接收到外界事物之后也会受到外界的影响，并对外界一些生产、生活方式进行模仿，最终使良渚文化可能融入许多“现代”因素，让良渚文化在新时期保持民族文化的特质，在文化多元的市场经济中保持生命力。同时，摒弃不符合社会发展的内容，保持良渚文化精华特色，使良渚文化在学习和借鉴其他文化的基础上打上民族的烙印，同时成为良渚文化在全球化生存的智慧选择。

（三）良渚文化的数字化实现了文化的虚拟转化

数字化的实质是将客观世界转化为文字、声音、图像和视频，转换成数字化的符号，从而表现出数字化的虚拟性，通过虚拟性将传统文化产生新的特征。在数字世界的语境中，由于良渚文化已经存在千年，故可以在虚拟世界中创造和实现现实世界未曾有过或难以实现的某些文化特征，如重构良渚遗址中庞大的良渚古城景致，将受众真正带入实然和超然生活的双重世界，还可以在虚拟的良渚文化古城中，利用VR技术，设计出虚拟的自我、虚拟的社会、虚拟的文化关系，直接体验良渚文化生活，如参与玉器或陶器的虚拟制作。而在这一虚拟文化世界里，参与个体可以匿名制、虚拟身份、多重角色表现自我并与其他人或群体发生关系，进行文化交流。通过虚拟的形式，可以实现对现实良渚文化形态的超越。而由于数字化的形态对传统文化形式包括民族语言、艺术、礼仪、习俗等产生巨大的冲击，最终使民族文化不断消失。特别是在良渚文化村，商业的发展给良渚本地带来了巨大的发展，但是并未真正体现出文化的复兴 迹象，很多更凸显文化背后的衰退，这也是民族共同心理素质的衰退。

二、良渚文化遗产的人文发展和历史重塑

当前，新的各种数字化工具层出不穷，因此，更需要结合良渚发展现状，正确理解民族文化和数字化的关系。一方面，在数字技术高速发展的新时代，必须以宽广的眼界，大胆吸收数字化的最新成果，既要充分重视对数字技术、互联网技术的运用，又要深入挖掘良渚文化的丰富内涵，重视传播的质量；另一方面，要充分运用数字技术，实现由点到面的广泛传播，扩大良渚文化从国内到国际的影响力，立足民族实际，全面立足数字平台，从受众的角度出发创新良渚文化的表现形式。既要创新良渚文化的传播形式，又要尊重其具体特性，使其具有民族特色的精神文化内涵魅力永存。通过将良渚文化数字化，不断拓展良渚文化新时期发展的边界，而在良渚文化传承过程中，需要不断学习、吸纳其他先进文化。通过科学的现代形态，融入世界先进文化的主流；避免良渚文化成为只在博物馆展出的历史文化，一种地域性文化，甚至是边缘文化。将良渚文化的民族性和历史性有机结合，通过数字化整合，不断发展先进文化。

（一）运用数字化技术对良渚文化进行抢救和保存

良渚文化遗址尽管近几十年来在抢救和保护方面做了大量的工作，投入了大量的人力和物力工作。然而，由于社会进程的加快，很多良渚文化元素不断消失，如玉器文化中的图腾文化。良渚文化的物质资源及精神文化资源大多数年代久远难以保存，传统的图像复制或图像采集不能更完整地保存文化历史遗产，而通过采用高精度、高逼真的数字化技术，开发基于计算机与

网络环境的新型实用化辅助系统或手段，将相关的历史数据信息、文字、图像、声音、视频等提供数字化保存、组织、存储与查询检索等手段，建立更科学、更有效的数字化，因此，通过数字化手段对良渚文化的保存至关重要。其一，通过图像、文字、声音和动作等相结合，运用 VR 技术真实记录传统文化的实际，展现良渚文化元素的具体细节，利用计算机模拟创建出一个三维的虚拟世界，让受众模拟视听触觉等感官感受，对空间内事务进行多维度观察，如同身临其境。例如，可以通过虚拟现实技术设计高分辨率、精细的 3D 建模技术虚拟出宫殿建筑、文物和人物，并设计不同的观众游览路线。用户只要轻轻点击鼠标，就能身临其境地游览虚拟良渚。其二，实现文化资源的共享，能够直接感知良渚文化的发展，让民众参与良渚文化的传承之中，如可以利用移动终端 App 传承良渚文化遗产，设计出相关的手机 App 应用，同时还需要开通良渚文化遗产的微信及微博公众号，充分结合移动终端 App 应用的便捷性、即时性和“微传播”强大的信息传播和推送优势。

（二）运用数字化技术构建良渚文化的相关数据库

首先，运用数字化技术建立基于网络的数字化数据库，实现数字化的资源版权管理，为用户提供参考咨询平台、个性化数字服务等。其次，将良渚文化的一切资料有效保存下来，以便提供给用户进行文化知识传播、知识共享。数据库的信息内容应当包括良渚文化遗址的生产以及良渚先民的生活状况、良渚文化的发展历史、当前状况等，传承良渚文化的受众状况，促进良渚文化传承的方法和途径等，信息内容应当尽可能地全面、有效、有用。综合运用现有的硬盘、光盘、网盘等数字存储设备存储所有良渚文化有关的信息资料，并能够将某些特殊遗址内容转化为能够复制、能够移动的数字化、图像化、音频视频化、文字化等多种媒体方式，通过与互联网连接，构建出良渚文化网络资料数据库，并通过互联网为广大用户提供数字化藏品展示、教育和科研等各类服务。

（三）运用数字化技术推动良渚文化的创新和发展

随着科技的发展，世界文化正在从根本上变得更加现代化和多元化，但多元文化形成并非一个自然过程，文化的多元化其实质是一个自觉自为的矛盾过程，需要各民族文化的个性化发展才能实现。而数字技术的介入，在很大程度上实现了对传统文化的保存和发展的推动作用。数字化已经融入传统文化保护和传承的方方面面，利用数字化技术辅助文化遗址发掘过程能够全方位地记录文物出土时的形状、色彩、方位等信息，还能有效记录遗址发掘过程中每个文化层的具体分布位置。而利用虚拟现实技术，可以对文化遗产在开发之前就进行开发规划的数据模拟，在计算机中按照规划方案虚拟并建立新的建筑或设施，辅助领导者进行直观的判断，从而做出正确的决策。

此外，基于网络的文化遗产虚拟展示综合利用了三维展示、视频、音频、动画、图片和文字等手段，以文物的三维模型为索引，为用户提供了比普通网站更直观、更逼真的感受。这是对数字化技术的合理应用，也是进行良渚文化创新的重要手段和必然趋势。在互联网时代，政府有关部门可以利用互联网为良渚文化的爱好者和研究者建立一个基于良渚文化数据库的“云展示”平台，为良渚文化数字化传承和传播提供高效、方便、快捷、系统的服务。通过“云展示”平台大大降低良渚文化传承中的软硬件成本，可以实现良渚文化遗迹和遗器的实时化、数字化展示，达到使用者的各种需求，如遗迹图片存储利用、遗迹数据获取等，使文化服务更加具有针对性，满足良渚文化研究者、爱好者和文化传承者的不同需求。利用网络的交互性特点，用户和专家可以把文化遗产的理解和感受发表在一起，形成文化知识的讨论文章，让文化遗产所蕴涵的相关文化知识得以传承和发扬，而不只是简单地向受众进行宣传教育。

因此，如何有效、科学、合理地应用数字化技术结合计算机学、博物馆学、图书馆学、管理学、经济学，艺术设计学等多学科知识，深入构建良渚文化数字传播平台，通过平台定期对良渚文化内容进行传播，推动良渚文化的内容创新，即在原有历史文化基础上创造出适合新时期有中国特色的社会主义文化，成为新时期良渚文化发展和传承的重要内容，有待我们进一步深入研究和思考。

第八章

基于新媒体的良渚文化产业传播和发展战略

文化元素是现代社会物质文明发展的基础元素，而文化产业则是社会经济发展的重要支柱。从产业特征来看，文化产业是以知识密集型、信息密集型和技术密集型为产业特征，强调采用新的科学技术成果、提升产业形态，而高科技成果对文化产业的渗透和改造越来越明显。在全球化的推动下，文化产业发展出现了规模化、垄断化、多媒体化、高科技化等一系列新趋势，而文化产业正在成为新的财富创造形态。其中，英国以文化为主题的创意产业成为英国发展最快的产业，已经成为伦敦的第二大产业，仅次于商业服务业，并已经超过制造业、零售业等行业。加拿大也将文化产业作为提升国家竞争力的重要产业。而随着经济全球化的发展，文化产业日益成为世界最重要的经济支柱。通过数字化，文化产业的存在形态和发展趋势也产生了革命性变化。自20世纪90年代以来，数字化技术、互联网技术、信息通讯技术的快速发展对文化产业产生了深刻的影响，文化产业领域结合最新科技后开始产生新的形态。互联网载体的出现，带来了网络文化、博客现象、虚拟生活、网上民意等新兴文化显现。数字技术的出现进一步推动了全球数字内容产业的兴起，信息技术的出现则推动了新媒体产业的快速发展。

良渚文化遗产具有历史、科技、美学、经济、教育、精神等多重价值，良渚文化遗址的保护和利用成为杭州城市建设、文化产业发展的重要依托。随着国家“文化强国”综合战略的实施，杭州“生活品质之城”打造以及良渚“美丽之洲”等一系列举措，良渚文化的复兴和以文化为依托的文化产业的发展迎来了难得的机遇。进入“良渚文化申遗时代”，新的文化保护机制将会建立，以文化遗址为核心的周边环境综合治理也将进一步深入，“申遗”带来的文化价值红利将会在今后很长一段时间内逐步释放出来。因此，在这种背景下，需要提升对良渚遗址的社会价值认知，深入探查和凝练良渚历史文化元素和因子，以战略性的眼光将其定位于区域新兴文化创意产业，找到适合良渚文化遗产有效利用的具体策略，从而实现持续有效的杭州精神文明发展和良渚文化的复兴战略。

第一节　新媒体传播和良渚文化产业发展的结合

当前良渚文化产业正处于数字化大发展阶段，包括围绕良渚国家考古遗址所（见图 8－1）建立的相关玉文化产业（见图 8－2），创意文化产业都才刚刚兴起。保护利用良渚文化的关键是合理进行相关的文化产业布局和文化支撑，通过渐进式文化更新方式提升良渚文化的区域影响力。例如，通过对良渚文化遗址和遗迹信息传播，加快良渚文化村的建设，在对其进行商业开发过程中不断注入良渚文化的各类代表性文化元素，包括礼玉元素、黑陶元素以及新型石器元素等。加强良渚文化村的商业价值的挖掘，鼓励和引导当地青年人、工作室以及中小企业投身与良渚文化有关的文化创意产业之中，引入区域文化特色，提升良渚文化品牌价值，并创造出一些具有地域文化特色的文化作品，如表现良渚先民生存和生产方式的动漫、影像，并对其进行必要的视觉艺术和表演艺术加工等，从而适应当前新媒体传播的有效方式。

图 8－1　良渚国家考古遗址

图 8－2　良渚玉文化园

首先，通过将良渚文化元素如玉器中的神纹元素、图腾标识等引入服饰、工艺品、餐饮、酒吧休闲、商业服务等中，借此促进良渚文化村的文化商务旅游的发展。其次，紧密与良渚地方政府建立合作关系，在一些有代表性的文化艺术店铺开设良渚文化艺术展厅和文化长廊，加强与游客互动，作为一个特殊文化旅游点来介绍良渚文化，并推广相关带有良渚文化标识的数码产品及旅游纪念品，让游客在欣赏良渚文化的同时推动良渚文化村相关旅游的发展。

总而言之，借助数字化保护手段，构建出以良渚博物院为核心，美丽洲公园为外部区域的庞大遗址规划体系，并将其作为文化传播的核心区域。预先对文化区域作出有效评价，这对良渚文化商业经营的可持续发展有着积极作用。把良渚文化合理地定位在保护和利用并举，辅之以恰当的商业经营，加上与历史文化氛围相匹配的建筑利用，结合相关管理保障、文化政策的支撑引导。

一、基于“申遗时代”语境下的杭城文化复兴策略

（一）杭城文化名片的再推广策略

伴随着良渚文化的发展，良渚先民的勤劳和智慧成为杭州精神的代表。未来良渚文化发展战略应该以良渚文化保护为原则，以文化功能促进良渚经济功能和旅游功能为导向，提升杭州城市的总体竞争力。形成一个以文化遗址观光服务为核心，以创意休闲产业为特色的，餐饮、旅馆、交通、购物、娱乐配套发展的重要文化产业群。“天堂杭州”的文化名片应当进一步扩大其文化内涵，将创意之城的城市定位注入文化品牌之中，形成具有“五千年文明曙光实证地”的国际影响力的文化名片，并从多个维度进行构架：(1) 体验维度。以良渚文化体验，以群众参与为主，将良渚文化遗产周边社区——良渚文化村作为依托，提供大量结合居住区设置的基础性文化空间，以日常文化活动为载体，大力开展遗产保护和文化传承相关活动，如良渚历史知识比赛、良渚文化遗址摄影比赛。(2) 传播维度。通过新媒体进行及时的传播，通过网络公众号、抖音短视频等方式传播良渚文化，激发全民参与保护良渚文化的热情。(3) 商业维度。将良渚文化遗址区域构建成杭州特色的历史文化街区，突出其在良渚文化旅游中的核心作用，加强对良渚文化旅

游的开发模式，不断挖掘有效的经济要素，通过新进的技术手段挖掘文化产业中的附加值，以科技吸引眼球，以文化内涵体现底蕴，提升其商业价值和市场影响力。

（二）基于新媒体的城市记忆再修复策略

良渚文化的继承和发展是良渚文化遗产保护的最大目标，其利用的最大效益也体现在良渚文化的复兴之上。遗产保护的形式不仅仅是单纯地保存良渚文化遗址的相关出土物品，更重要地在于通过新媒体手段传播良渚社会的人文精神。良渚文化延续并发展了崧泽文化，并影响了钱山漾文化和广富林文化，其文化内容广泛、文化价值更加深远，而伴随着现代科学技术的飞速发展，良渚文化遗产肩负着承载民族精神的重任。从社会学角度来看，现在良渚文化遗址区域所在的城市记忆需要通过空间的局部重塑，围绕遗址区域打造城市文化印迹，形成文化和城市发展之间的链接关系。特别是针对文化遗产的现存空间载体还需要进行适当的保留、再开发，有些可以利用现有的文化遗址，有些可以利用现有的遗址空间进行再开发，甚至可以围绕相关的文化器物进行高端产业的再升级。由于良渚文化的代表性器物即精美的玉器和陶器，本身就属于高端艺术品，因此，更应提升良渚“礼玉文化”价值概念，加快良渚文化玉器产业的升级，加强良渚文化陶手工艺产业的建设，并将玉文化和陶文化打造成为城市文化记忆符号，使之成为新时期良渚文化传播和杭州城市复兴的重要文化战略。

（三）利用新媒体推动良渚文化产业的发展

围绕良渚文化遗址区进行相关文化产业的规划和开发已经成为良渚文化复兴、促进杭州城市增长的重要途径。从当前良渚玉文化产业发展现状来看，当前良渚玉文化产业的整体规模较小，文化特色不够突出，文化传播和文化影响力相对较为薄弱。此外，产业内部的联系比较松散，外界对良渚玉文化产业了解较少。因此，一方面，可以通过建设抖音短视频等传播方式围绕良渚文化产业的发展加快文化产业的相关信息传播；另一方面，通过主题博物院和文化会展相结合的方式，逐渐构建形成具有不同特色的创业产业聚集区，结合商务旅游以及创意产品集散地的模式，进行国际性创意产业的交流与合作，不断促进现有创意产业基地——良渚国际文化中心的进一步改造和发展

（见图 8－3）。

图 8－3　良渚文化创意基地——良渚国际文化中心

打造富有特色的良渚文化产业集群，优先发展良渚文化特色产业如玉文化产业、陶文化产业等，科学合理安排良渚文化区域内的开发建设序列，对良渚文化遗址区域开发建设时空序列，对全区域进行统一规划，加快区域内文化资源的流动和组合，并围绕改善文化区域的空间二元结构，加快良渚大学建设。制订合理的文化产业建设程序，通过新媒体手段，如通过移动 APP 让受众直接通过网络互动感受相关的玉文化衍生产品，加快文化产业的内容传播，凸显文化产业区的整体性和系统性。

二、良渚文化遗址相关产业开发模式

良渚文化遗址相关创意产业的兴起一方面推动了良渚文化本身的传播；另一方面，对杭州城市品质的提升也具有重要的作用。从这个角度来说，大力发展良渚文化遗址相关产业对杭州打造“品质之城”具有重要的战略意义。在产业发展过程中应沿着“产业融合→产业升级→可持续发展”的路径，将创意融入文化产品设计、遗址资源开发、遗址环境营造和旅游渠道拓展中，最终实现良渚文化资源、自然生态、杭州经济和社会全面可持续发展。

（一）良渚文化遗址旅游开发模式

开发良渚文化遗址旅游对于优化良渚文化产业结构、解决当前良渚区域生活环境、吸引投资加强良渚遗址保护、改善城市环境、提高人民的生活质量都起到积极的作用。良渚文化遗址区域旅游开发是有效利用遗产的一个主要途径。通过良渚文化遗址旅游，加快文化创意产业和旅游产业的融合力度，不断突破产业界限，拓展产业融合渠道，围绕良渚博物馆开发产业融合的精品项目。通过深度挖掘和整合良渚文化资源和杭州旅游区位资源，树立良渚遗址文化旅游品牌，充分反映新石器时期良渚区域先民的生产和生活发展轨迹，体现古良渚时期灿烂的文明成果，满足来自世界各地的游客对良渚所创造的伟大文明的好奇心。此外，通过举办科普性质的良渚文化遗址参观和古良渚生产生活流程体验，培育青少年科技教育基地，铸造民族精神。通过体验式游览方式供游客实地体验，不仅保存了良渚文化遗址的全部遗址设施，还有效地发展了旅游业。

（二）国际商务旅游活动组织模式

以良渚博物院为商务旅游的重要目的地，结合主题性的文化博览会，举办招商引资、商务论坛、国际商务交易等，围绕良渚博物院相关展览中心形成上下一条的旅游链条，并结合当地的旅游景点形成商务参观路线，形成当地旅游资源的整体联动。以新媒体平台作为旅游宣传平台，将良渚文化遗址区域形成有效的文化集散地，并将这一区域作为杭州的重要地标景观。

从辨识城市的角度来看，良渚文化要素也应当作为构筑杭州城市部分组成体系，将良渚遗产和良渚文化创意空间在明确城市特征、组织城市体系、标识城市空间等方面成为主要因素，从而形成以良渚创意产业空间为主导的城市空间体系。并重点对良渚博物院功能进行适当的拓展，通过新媒体的广泛应用，加强良渚文化元素的传播，挖掘其对于社会和周边社区的价值，提升文化休闲和良渚遗址主题景观品质，激发人民对良渚文化遗产保护的社会参与感和认同感。

总之，良渚文化遗址包含中国社会的经济与文化内涵具有“双遗产”属性，承载着中华文明悠久的实证历史。在杭州城市不断国际化的今天，良渚文化遗址的开发不但具有城市增长的意义，在更深刻的层面，还肩负着作为中华文明复兴载体的角色，良渚文化相关的玉文化、陶器文化以及发达的稻业农业文化给国人文化价值认同的含义。而良渚文化遗址为核心的良渚文化产业的新生和再开发，需要在城市管理者、城市开发者、城市居民和国际游客之间形成多变的合作关系，这种合作关系的契合需要一个统一的认知，“保护—发展—再保护”成为申遗时代的文化遗产维护、城市增长和遗产新生的发展方向。

第二节　新媒体传播的创新策略分析

新媒体的快速发展，改变着人们的生活、交流方式。作为良渚文化发展的最好机遇——“申遗”将对中华传统历史文化的传播推向一个全新的高度，新媒体的一大优势就是内容投放的准确性。基于对大数据的分析，新媒体可以精确地将目标对象按照职业、年龄、性别进行分类，并制作适合其特征的宣传内容，将恰当的内容投放到最正确的受众面前，最大限度地激发用户关注的内容，降低用户的厌烦态度，其主要的关键点是在观点、知识、热点、情绪和态度，利用新媒体进行传播的核心就是通过内容将相关要素传达给用户。特别是在社交媒体时代，文化品牌正在以越来越开放的模式，与自己的用户进行沟通和交流，而这种互动不仅体现在产业端与用户的沟通，还体现在用户的社群化经营，包含在人们的生活状态之下。利用新媒体，传播要针对用户的价值体验，生产与受众产生直接共鸣的文化内容，可能包含相关的文章、视频、直播、广告等适合文化品牌表达的内容，然后通过合适的媒体渠道，将这些内容准确地传递给受众。

新媒体的发展降低了人们对学习传统文化的专注度。由于新媒体表现形式多样，人们习惯于通过快捷的方式获得有关历史文化知识，而失去了独立思考的能力。特别是由于媒体表现类型的多样性，导致用户的关注点过于分散、难于集中进行学习。此外，新媒体在给人民带来积极影响的同时，也对人民的社会态度带来很多负面的影响，如新媒体在传播过程中可能导致道德缺失，具体时间的责任意识淡薄以及在处理某些具体问题时容易受到群体的影响，造成群体极化行为等。而针对这些问题，研究有效解决对策，对于新媒体健康发展，传播传统文化和保持社会的和谐稳定至关重要。

一、利用新媒体技术和手段加快文创产业发展

文化创意产业所包含的产业内容较为广泛，从文化出版物、文化音乐、

文化电影、文化家居等，由此衍生的产品种类和形式多样，产品专业化、定制化特征明显。传统的媒体方式很难将文化创意产业产品进行有效宣传，而新媒体的类型繁多，传播形式多样，能够针对目标群体传播更有效的媒介信息。为此，更需要将文化产品与新媒体手段紧密结合，通过新媒体有针对性地传播相应文化产品内容，加快文化创意产业的发展步伐。

（一）新媒体意识形态传播途径的创新和文化产业中的应用

习近平总书记在十九大报告中强调："高度重视传播手段建设和创新，提高新闻舆论传播力、引导力、影响力、公信力。加强互联网内容建设，建立网络综合治理体系，营造清朗的网络空间。"在互联网时代，以信息技术为载体的新媒体和自媒体给现代社会、国家、政党以及人们的思维方式、行为方式、工作方式等带来了极其深刻的革命性变化。社会思潮传播的网络化、分众化、个性化趋势日益明显，网络舆论场域已经成为社会思潮传播的重要阵地。"意识形态决定文化前进的方向和发展道路"。特别是意识形态工作事关国家的长治久安，增强主流意识心态的传播力已经成为新时代的重要命题。而在新媒体环境下，新媒体技术作为创新主流意识心态话语传播模式、转换主流意识心态话语方式的主要载体，起到巨大的作用，特别是利用新媒体进行柔性的表达方式和鲜活的形象传播，令人耳目一新。面对不断变化的舆论环境和迭代加速的媒介技术演进，运用新媒体技术加强主流意识形态的话语权和权威性，还须从情感度、体验度、敏锐度三个维度提升媒介内容的品质，以真正从传播的效度上提高主流意识形态对当下生活的引导和引领。而随着新媒体的迅猛发展，新媒体在文化产业中的应用比例越来越重，文化产业即将面临产业的升级和转型这个重要的节点，其规模和边界在新媒体的支持下，其内涵会得到不断丰富和扩充。

在新媒体技术传播中，"体验"是实现其技术本质属性的重要维度。它成为新媒体技术最核心的价值入口，在一定意义上决定了媒介产品传播效果的成败。从实践层面来看，加强视觉传播产品的体验度应着重把握以下两点：第一，找准主流意识形态传播与社会需求相互呼应的"落点"。所谓文化体验，其实质是一个从感官到感情的整体性经验。它是新媒体技术浸润式传播方式的具体体现，要求重视对媒体产品官能上的感受，并注重对价值层面的精准切入。因此，在新媒体技术传播中，媒体应当秉持对社会的敬畏之心，在纷繁复杂的现实生活中，唤起人们对生命意义的追问，对精神迷茫下心灵缺失的思考，体现主流意识形态对生活的引领和启发，进而真正激发受众主动参与体验的热情，增加体验的深度，提升体验的感受。第二，体验度的提升应契合受众身份变迁的现实需求。基于媒介技术的视角，首先，应强化生动化的场景设置，提供契合需求的体验方式。在新的媒介环境下，受众由于对媒体行为的介入和参与，即“体验”式的接受过程，成为意义的生产者和内容的创建者。因此，体验的设计和创意，本身成为一个重要的阐释过程，尤其是在新媒体技术传播中，内容已不再是最重要的看点，而是通过体验增强主流意识形态传播主体与接受者之间的黏性和交互性，用户在体验的互动中实现主流意识形态与个体之间意义的生产与再生产。其次，匠心精神体现技术的精准度。体验是可知可感的，因此外在的画面、角度、人物、环境的设置都需要能够化有形于无形，让用户沉浸其中又直抵内心，技术的细腻与精神的共频使体验式传播成为全身心的感受。体验具有相对开放的舆论话语空间和交互性的传播特性，通过深度体验的挖掘和应用，可以满足主流意识形态传播在新媒介环境下的特殊需求。同时，以用户为导向的体验式传播，可以通过符号、图像、虚拟现实技术等营造现场感，这种在场性为主流意识形态传播创造了新的传播语境和空间对话，增强了对话式交流的可操作性，推动主流意识形态传播话语机制的创新，从而使传播主体获得更加积极主动的话语权和引领性。

新媒体在文化产业中的应用主要包括几个方面：其一，以高新技术、数字化技术为基本依托，包括以各类文化内容、文化产业为主体的数字内容和以自主知识产权为核心的新兴文化正处于萌芽和发展的状态中。其二，从文化市场的规模来看，除了主要份额占46%的相对传统的旅游产业和17%教育培训产业之外，剩下的27%主要集中在以新媒体为依托的电子期刊文化产业为主上。其三，在新媒体的产业链延伸过程中，形成了硬件平台服务、内容传播服务和监测营销服务，而这些服务之间相互联系，密不可分，通过服务拉动整条文化产业链的运作。有了这样的产业链模式，文化产业不管是软件还是硬件，不管是传播内容还是传播方式，从产品到服务，从监测到推广，新媒体形势下的文化产业已经形成了一个立体交叉、纵横交贯的产业结构群。新媒体文化产业结构群的形成，一方面拥有社会意义和技术意义上双重的文化优势和功能优势；另一方面，新媒体产业群的形成产生了以技术设备的开发和内容设计开发为基础的上游基础资源型企业群，以网络服务和内容生产为主的中游资源加工型企业群，以软硬件产品、内容产品和平台服务为最终产品的营销、推广和反馈下游资源推广使用型企业群。

（二）文化创意产业内涵以及发展策略

文化创意产业是一种以创新思想和技巧、先进技术等知识以及治理密集型要素为核心的新兴产业，通过创作、创造和相应的创新性活动，使生产和消费环节实现价值增值。其核心内容是文化，其核心层包括新闻服务、出版发行、版权服务、广播电视、电影、文化艺术等。文化创意产业颠覆了传统产业的发展模式，以现代文化消费需求为基础，以高科技为手段，通过新的传播方式为主导，将经济、文化、技术等相互融合。其主要涵盖研发设计、文化艺术、建筑设计、咨询策划以及时尚消费等多个行业和领域，具有广泛的渗透性和强大的辐射性。从行业特点来看，文化创意产业已经成为当前中国的“国民经济新兴产业”。而旅游业则是“战略性支柱产业”，两种产业密不可分的本质属性决定了两者融合的基础。通过文创产业和旅游业的融合，能够有效延伸产业链，提升文化旅游的内涵，加快文化资源的产业化，同时对区域内资源的流动和重组起到促进作用。故应当将良渚文化的玉文化、陶器文化作为创意发展方向，大力推进文化旅游业；以良渚历史文化游、民俗体验游、时尚消费游等多种形式，整合杭州市内优质旅游资源；深度挖掘和创新旅游产品和服务，让良渚国家遗址文化公园和良渚玉文化产业园得到新的发展，实现让文物、文化与旅游真正联姻，形成提升杭州又一特色性旅游品牌，从而进一步提升杭州知名度，增强旅游吸引力。

良渚文化创意产业即以玉文化产业作为平台和载体，以现代文化创意设计为主线，将地方性文化特色作为重要元素融入产业价值链。以信息流为主导，其产品投入和产出关系也以多项循环的联接方式进行全方位延伸，将供应商、销售商、客户等纳入“价值网”，以无形资本为主导，一方面开发有形的可以量化的价值；另一方面发掘实现附加价值，特别是融合后的产业有更高的附加值和更高的利润空间。文化产业的转型升级，离不开媒体的支持，新媒体成为促使文创产业整合、重构和产业结构升级的“催化剂”，而文创产业的结构升级倒逼媒体产业、媒体技术的转型升级，而电视、广播、纸媒的红利时代已经快速消退，互联网的冲击导致传统媒体的广告客户下滑。

首先，认识新媒体传播面临的最大变量。当今世界，互联网已深度融入社会、经济、民生、文化等各个领域，既推进经济社会发展进步，也解构规则、颠覆秩序、重塑业态新媒体在传播良渚文化过程中，成为社会舆情的“最大变量”。因此，要正视新媒体给文化创意产业带来的巨变，将新媒体作为推动良渚文化发展的“最大增量”，大力推进新媒体的传播功能，突出良渚文化保护的实践结果、理论成果。通过良渚文化产业的发展，促使相关企业群获得更多的发展空间，真正凸显良渚文化传承的社会意义和文化价值。

其次，文创产业的发展，需要重视文化版权意识，加强对文化版权的保护。政府部门在推动文创产业发展时应当加大对文化精品的扶持力度，打造内容原创中心，推动内容版权化、版权产业化，培育完整版权经济链条，推动版权保护和版权增值。在这一过程中，充分运用数字传媒、移动互联网等手段，构建立体化、高效能、覆盖面广、功能强大的国际传播网络。支持传统媒体转型升级，拓展网络和新媒体业务，发展与良渚文化有关的新型网络文学、网络音乐、网络剧、网络电影等新业态，大力培育与传播良渚文化内容有关的数字化产品、网络化传播、个性化传播、个性化服务为核心的网络视听产业。

最后，重视文化传播新媒体人才的培养。传统广电媒体人自身业务能力过硬，有着丰富的实战经验和敏锐的观察力，而随着新媒体的崛起，这些传统媒体人相继成为新媒体极力争取的对象，直接导致广播电台相关人才的流失。广播电台的融合发展需要的不再是以往新闻、播音、编辑式单一型人才，而是身兼数职的复合型人才，传媒类院校毕业生到岗后适应期较长，因而人才培养周期延长，复合型人才显得尤为稀缺。在复合型人才培养过程中，加强对传媒人才传统文化教育和熏陶则至关重要。

二、文化传播推动文创产业升级和消费提升

（一）文化传播促进产业创新和转型升级

文化创意产业在与旅游景区规划、旅游品牌策划、旅游产品和服务开发等融合中，使市场走向完全竞争，从而促进产业创新和转型升级。另外，文化创意产业和旅游产业的融合突破了传统旅游产品的静态和单调，丰富旅游

产品种类和档次，并催生了许多新产品和新服务，通过文化为依托，提高了消费者的需求层次。由于文化创意产品的复制、传播成本低，因此需要有效带动旅游产业的关联度、带动力和辐射范围，实现文化遗产的保护和旅游业发展的良性互动。通过文化创意，促进旅游市场发展，打破传统产业的技术边界、市场边界、业务边界和运作边界，促进区域产业结构多样化、复杂化，加速文化遗址区域内资源的流动和重组，有助于改善遗址区域的空间二元结构，最终促进区域经济一体化的建设。具体来说，突出良渚文化遗址的区位优势，深度挖掘和整合良渚历史文化和旅游文化资源，将大旅游文化与会展、演艺、培训等创意产业进行融合，突出良渚文化的高端定位，打造与其他文化品牌的差异性，通过新媒体传播塑造良渚文化遗址旅游品牌，树立区域旅游和文化产业、企业的形象，建设区域文化产业集群。

推动良渚文化产业结构改变时要着力改变良渚文化资源的存量构成和比例关系，充分利用现代生产经营管理方式和高新技术，促进良渚文化生产模式和消费模式的改变。其一，坚持正确的文化产品创造生产方向，着力提升文化产业各门类创意设计水平和文化内涵，加快构建结构合理、门类齐全、科技含量高、富有创意、竞争力强的现代文化产业体系。其二，创新良渚文化产品和服务，延伸拓展良渚产业发展空间。积极发展良渚新型业态，强化和规范新型良渚文化网络业态和服务模式，形成新的经济增长点和消费热点。其三，优化良渚文化产业组织结构，鼓励创办小微型良渚文化企业，特别支持“专业、精致、新型”中小型良渚文化企业发展，形成富有活力的优势企业群体和协作配套体系。其四，坚持传承和创新发展相结合，促进良渚文化艺术延伸品、艺术授权产品的开发生产。例如，加快良渚工艺玉器产品、陶器产品、传统手工艺品和良渚时尚元素融合，发展新的艺术样式和款式。其五，优化良渚文化产业的规划布局，走差异化、特色化的发展路子，结合良渚本地文化特色研发原创文化产品和服务，推动特色文化产业的进一步发展。

（二）良渚文化遗址与文化创意产业融合的建议

产业融合是文化产业本质特征和内在要求，文化产业不仅内部存在着融合发展的态势，而且与其他产业融合的趋势也日益明显。从文化产业发展来看，文化产业只有与文化遗迹相结合，才能创新文化产品和服务的生产、传播和消费形态，而产业融合的关键是要开发文化特色鲜明、效益显著的产品，特别是在良渚，一代又一代的良渚人将玉文化传承，延续艺术与设计的基因，建设以文化遗址为核心的街区或文化村镇，加强自然、文化环境的保护和利用，推进文化资源向旅游资源的转化，推出高品质旅游文化产品，与新时代的文化碰撞，在传统的艺术品制造的基础之上，融合现代工业，围绕“跨文化交流、跨产业融合、跨门类整合”主题，沿着产业链向上延伸，在已建立的“梦栖小镇”的文化创意产业基础上，形成一个完整的文化艺术设计产业链。其包含文化创意、工业设计、研发设计、工艺美术设计、文化时尚设计、建筑设计、多媒体艺术设计、文化展览展示设计等，围绕相关设计产业链打造文化艺术价值链，进一步打造文化旅游系列活动品牌，提升良渚文化旅游产业的市场价值和品牌价值。

具体来说，在良渚文化遗址开发中，促进良渚文化创意产业和旅游产业融合可以从以下几个方面进行。

第一，以良渚文化发展为主线，通过新媒体手段宣传社会主流文化价值，延伸文化旅游价值链，使文化创意产业的各个增值环节构成统一的有机联系整体。实际上，除了营销环节意外，文化创意产业在文化创意技术研发、创意作品创作等环节也存在类似的产业协作关系。从纵向的产业功能分工角度来看，技术研发和应用、文化创意产品的制作和传播、衍生产品的制作和推广环节同样具有价值增值功能。它们从文化产品的制作和运作逻辑过程考察产业的增值过程，表现为文化创意产业的线性价值链，而良渚文化创意产业涉及良渚文化产品的技术研发、文化策划、文化产品制作、文化产品市场营销等环节。一方面，加强对文化产品的“内容”创造和消费，让良渚文化内容产业成为文化经济传播交流的“文化基础支撑”。积极宣传良渚文化中的主流价值，在全社会进行广泛传播，提升旅游的文化附加值，逐步将富有特色的文化创意产业包括玉文化产业、陶文化产业并积极融入良渚文化遗址旅游发展全过程。另一方面，文化创意产业的发展依赖于产业盈利模式的不断创新，其核心是为创意产品提供展示和传播的平台，同时，依托平台实现各种资源的整合，以创造经济价值。因此，应当引导政府管理者、旅游经营者、服务者和文化创意产业经营管理者充分利用新媒体手段，加快内容形式创新和手段方式创新，通过向旅游产业上下游价值链成员进行文化传播，大力拓展产业融合的渠道，并积极和包括信息咨询、生态农业等相关产业进行对接。

第二，用文化创意创造相关的旅游产品，不断拓展良渚文化旅游产业价值链。坚持线上和线下文化宣传同步进行，协调发展。深刻认识“文化软实力”是社会发展的新力量，紧跟新媒体发展新趋势，不断拓展新媒体传播渠道，通过各种视频直播、自媒体平台等，利用包括曲艺、音乐、杂技等多种艺术手法展示良渚文化群落的遗迹和遗物，加强良渚文化知识的传播，使其成为文化品牌符号。而在良渚文化遗址区域周边可以注意民俗旅游规范化、特色化经营和民俗接待推陈出新，推出遗址区域特色餐饮品牌小吃和菜系，以提高服务质量。通过政府文化部门的推动，依托新媒体平台，在历史特色、地域特色、文化特色、民族特色上进行创意，整合政府、企业和民众力量，以市场需求为基础，以企业发展为主题，以服务游客为目标，实现文化资源的互补、利益共享。而在这一过程中，需要加强良渚文化区域的基础设施建设，不断创新良渚景区信息化管理理念和方式，充分利用新媒体平台，推广使用智能化的信息技术，采集、记录、整理、分析和反馈消费信息，对受众进行全球化全天候全方位服务，并逐步围绕受众需求提供个性化的旅游购物资源以满足其购物体验等。

第三，加强良渚文化数字化内容建设，构建全方位文化融合体系。坚持文化内容从单一选择向多元采集的转变，努力提升文化的内容品质，丰富内容表达，拓展内容呈现，使良渚内容生产更加适应时代要求，更加契合受众需求。一方面，围绕良渚具体文化资源设置话题、制造热点、引起受众的关注，提升新媒体传播良渚文化的吸引力和引导力；另一方面，将商业文化、创意文化和旅游业融合，打造高科技的“文化智慧游”“文化体验游”，策划设计良渚文化遗址旅游商品革新品牌，拓展纪念品的销售渠道。通过新媒体平台积极构建良渚文化纪念品销售平台，推进旅游商品的市场标准化。同时，依托现代旅游消费者的革新特点，利用数字技术构建良渚文化遗址全景图，开发情境模拟的文化遗址体验项目，建立数字化遗址旅游景区，展现遗址区内良渚古城设计、水利系统构建、玉器和陶器制作乃至稻业农作物种植等，充分利用新媒体技术包括微博、微信等进行传播推广，实现消费者互动。而在这一过程中，政府需要制订和完善推动产业融合发展的政策，在市场准入、投融资和财税调节等方面大力扶持，投资建设一批具有优秀良渚文化、较强吸引力和知名度的旅游精品项目。此外，对于政府而言，需要加强旅游市场监管和行业管理，丰富和完善文化创意产业与旅游业融合的内容和形式；坚持走城市文化建设道路，体现文化旅游功能、旅游发展促进城市建设的道路，加快新的旅游文化载体及吸引物和公共服务设施建设。在良渚文化遗址区域内设立以文化商品设计和文化创意内容传播为特色的良渚文化原貌型遗址文化创意产业园，进一步通过“政府主导，产学研合作，企业化运作”的运行模式，创造出良渚遗址文化创意产品和文化民俗旅游产品，为良渚遗址区域的中小生产企业、电子商务企业提供得力的平台；紧密依托良渚文化遗址考古公园和现有的国际创业产业中心建设配套服务产业，发展会展、创意、广告等产业。最终整合政府、企业和民众力量，以市场需求为基础，以企业为主体，以服务游客为目标，实现资源互补和利益共享。

第四，加强对文化受众的综合管理和引导，打造国际化的文化传播平台。坚持注重创意创新、淡化行业界限、强调交互融合大设计理念，推动良渚文化元素和现代设计有机结合。在文化创意产业的网状价值链中，创意居于核心地位。通过挖掘良渚文化内涵，推动良渚文化与创意的结合，并以此为核心引导良渚文化创意相关产业的互动和协作，从而成为文化创意产业发展的重要途径。大力促进创意设计与现代生产生活和消费需求对接，拓展大众消费市场，探索个性化定制服务。充分运用组织策划，吸引网红和“大 V”等向受众宣传良渚文化，通过大数据技术精准定位受众，从用户的不同需求偏好、阅读习惯等出发调整内容生产、传播策略，实现分众化、差异化和智能化推送。通过数字媒体平台的运用建立良渚文化教育在线培训产业基地，开设有关良渚文化培训项目和良渚学论坛，打造一个国际化的文化传播交流平台，提升良渚文化遗址的国际影响力。

第五，以文化创意产业为依托不断培育新型遗址文化保护人才。文化创意产业和旅游业的融合发展关键是要有既懂旅游资源保护、开发和利用又懂文化创意策划、文化管理和营销的高素质复合型人才队伍，直接决定了两个产业的融合程度。因此，需要坚持构建“引进来”“走出去”相结合的人才队伍拓展机制，一方面，政府要积极出台培养和引进复合型文创产业人才政策，提高文创产业人才的待遇，鼓励相关专业人士参与文创产业发展工作；另一方面，与高校、研究机构合作组织相关培训，积极培养一批高素质、宽视野、有创新能力的文化旅游人才。同时，文创部门要以现有的良渚大学为依托，进一步打造一批文化旅游教育和实践基地，资助专业人员和小微企业、个体户结对做相关的文创产品工艺设计、培育有效的品牌，最终提升基层民众参与商业体系的能力。

总之，文化创意产业存在网状价值链和线性价值链两种结构形式。而文化创意产业是产业融合的产物。因此，不仅要重视单个产业的发展，更要重视文化创意产业网状价值链中各个节点之间的互动，同时，还是重视文化创意产业线性价值链中的关键环节及其整合。而文化创意产业的整合并不意味着在所有的产业和环节上全面铺开；相反，在现阶段，最有效最可行的文化发展路径是在产业价值链中的关键点上进行重点突破，进而通过产业价值链各节点的互动带动整个产业的提升，包括以良渚文化内涵引领、以创意内容带动、以数字技术支持以及以出版权贸易整合产业发展等路径。文化内涵具有引领作用，创意内容是文化创意产业发展的主体，新媒体数字技术是文化创意产业发展的手段，要真正实现文化创意产业链的整合，需要将技术和内容有机结合起来。良渚文化遗址记录和延续着中华民族的历史文脉，通过将文化创意运用到遗址的开发和保护中，实现良渚文化遗址的合理利用，对遗址区域的可持续发展有着积极的意义。而在这一过程中，更应有效地将新媒体作为文化传播的重要工具，充分挖掘、提炼、整合、利用良渚地方文化资源，有意识地结合杭州现代本土文化进行继承创新，着力培育具有杭州文化特色的新型良渚玉文化创意产业，把良渚文化资源真正转化为良渚文化创意产业的发展优势，打造体现良渚地方文化水准、富有地域特质的良渚文化品牌。

参考文献

[1]（法）鲍德里亚．消费社会［M］．刘成富等译．南京：南京大学出版社，2014.

[2]［美］孙隆基．中国文化的深层结构［M］．广西师范大学出版社，2004.

[3] M. 哈里斯．时间与传统［M］．三联出版社，1991.

[4] 毕贵红，曾振华．民族文化融合版图演化的 Agent 网络计算实验模型，2018，44（12）：301－315.

[5] 蔡骐，肖芃．新媒体传播的文化考量与商业价值［J］．湖南师范大学社会科学学报，2012（3）：135－139.

[6] 蔡燕兰．良渚文化旅游综合体的两大法宝［J］．中国房地产金融，2014（6）：66－69.

[7] 曹大明．民族传统生态文化研究的新探索——评《土家族的传统生态知识及其现代传承研究》［J］．三峡论坛（三峡文学·理论版），2019（1）：115－116.

[8] 曹航．文化创意产业传播路径探析［J］．戏剧之家，2017（17）：242.

[9] 陈小龙．基于文化创意产业的中国文化形象国际传播策略分析［J］．民族艺术研究，2018，31（6）：54－59.

[10] 陈则谦．知识传播及其动力机制研究的国内外文献综述［J］．情报杂志，2011，30（3）：131－137.

[11] 仇小敏，徐欢．优秀传统文化对新时代构建文化自信的价值［J］．湖南工业大学学报（社会科学版），2018，23（6）：18－22.

[12] 褚建勋．基于复杂网络的知识传播动力学研究［D］．合肥：中国

科学技术大学，2006.

[13] 代露．新时代中国特色社会主义文化自信研究［D］．集美大学，2018.

[14] 戴元光，赵士林，邢虹文．互联网与文化重构及社会分化［J］．上海大学学报（社会科学版），2002（2）：5－10.

[15] 丹尼斯．麦奎尔．麦奎尔大众传播理论（第四版）［M］．清华大学出版社，2006. 100.

[16] 丁时杰．基于移动互联网的危机信息人际传播模型研究［D］．北京：北京邮电大学，2011.

[17] 丁杨．论新媒体传播途中“蝴蝶效应”及其对策［J］．新闻研究导刊，2016（8）：80.

[18] 方清云．民族文化重构方式与文化本真性保持——以景宁畲族自治县的畲族文化重构为例［J］．西南民族大学学报（人文社会科学版），2013，34（2）：62－66.

[19] 费孝通．中华民族多元一体格局［M］．北京：中央民族大学出版社，1989（53）.

[20] 冯韶丹．文化创意产业与城市品牌传播的实践探索［J］．传播与版权，2016（6）：148－149＋152.

[21] 高长元，张树臣．基于复杂网络的高技术虚拟产业集群网络演化模型与仿真研究［J］．科学学与科学技术管理，2012，33（3）：48－56.

[22] 高丽华，赵妍妍，王国胜．新媒体广告［M］．北京：清华大学出版社，2001.

[23] 高卫华，梁春晴．新媒体时代土家族文化数字化传承问题管窥——以湖北省恩施州巴东县为例［J］．新闻爱好者，2016（2）：51－54.

[24] 高文苗．新时代中华优秀传统文化教育价值探析［J］．长春师范大学学报，2019，38（1）：8－10.

[25] 郭建芹．复杂网络结构范型下的社会治理协同创新［J］．中国市场，2019（2）：178＋180.

[26] 郭明建．良渚文化宏观聚落研究［J］．考古学报，2014（1）：1－32.

[27] 郭明建．良渚文化玉器产地的综合分析［J］．中国国家博物馆馆

刊，2017（7）：6－19.

［28］郭庆光．传播学教程［M］．北京：中国人民大学出版社，1999.

［29］郭延龙，张燕翔．基于技术接受模型下的戏曲传播模式变迁研究［J］．艺术科技，2014（1）：4－6.

［30］韩娟娟．我国文化创意产业的区域品牌传播研究［D］．湖南师范大学，2017.

［31］郝明．良渚玉琮反映天地观念的再思考［J］．新西部，2017（15）：83－85.

［32］郝欣．汉长安城遗址文化创意产业与旅游产业融合刍议［J］．新西部（理论版），2015（11）：29－30＋32.

［33］何驽．良渚文化的社会政治特征探析［J］．东南文化，2016（4）：009.

［34］何驽．良渚文化的社会政治特征探析［J］．东南文化，2016（4）：43－49＋127－128.

［35］何天行．良渚文化与中国早期文化研究［M］．天津：天津社会科学院出版社，2008.

［36］何星亮．中华民族文化的多样性、统一性与互补性［J］．思想战线，2010，36（1）：9－13.

［37］贺建谊．杭州余杭良渚文化旅游研究——以良渚博物院为例［D］．华东师范大学硕士论文，2010.

［38］亨廷顿．文明的冲突与世界秩序的重建［M］．北京：新华出版社，1997（71）.

［39］侯峰涛．良渚文化迅速崛起原因探析［J］．重庆交通大学学报（社会科学版），2013（2）：97－101.

［40］侯君，王岩．文化创意产业时代的城市品牌传播策略［J］．新闻采编，2010（6）：45－46.

［41］侯延香，王霞．智慧互联环境下鲁班文化资源数字化传承研究［J］．人文天下，2015（9）：37－43.

［42］黄莉．良渚文明［N］．美术报，2016－8－27（004）.

［43］黄永林，王伟杰．数字化传承视域下我国非物质文化遗产分类体系的重构［J］．西南民族大学学报（人文社会科学版），2013，34（8）：

165－171.

［44］纪诗奇．受众信息传播行为的影响因素：模型的构建与实证研究［J］．情报杂志，2013，32（3）：30－36.

［45］贾婉文．产业融合视角下的文化创意旅游发展研究［D］．东北财经大学，2013.

［46］蒋卫东．良渚文化：实证中华五千年文明［N］．杭州日报，2017－5－19（19）．

［47］蒋卫东．自然环境变迁与良渚文化兴衰关系的思考［J］．华夏考古，2003（2）：38－45.

［48］靳义亭．论中华优秀传统文化继承与创新的原则及话语形式的转换［J］．华北水利水电大学学报（社会科学版），2018，34（6）：77－80.

［49］康秀平，杨文龙，陈娟．依托文化创意产业传播衡水"城市品牌"［J］．北方经济，2013（22）：45－46.

［50］孔江平．语言文化数字化传承的理论与方法［J］．北京大学学报（哲学社会科学版），2013，50（3）：89－97.

［51］黎林红．新媒体环境下右江流域非物质文化遗产的数字化传承［J］．新闻研究导刊，2016，7（22）：272－273.

［52］林华东．良渚文化研究［M］．杭州：浙江教育出版社，1998：87－97.

［53］李纪康，唐亮，焦鹏，靖可．SIS病毒传播模型在单向网络中的动力学研究［J］．计算机应用与软件，2018，35（9）：1－6.

［54］李小林，袁梦，王棚，许新建．复杂网络中权重对舆情传播的影响［J/OL］．应用数学与计算数学学报，2018（3）：588－597.

［55］李学江．生态文化与文化生态论析［J］．理论学刊，2004，（10）：118－120.

［56］李永菊．文化创意旅游产业的内涵［J］．中国集体经济，2011（15）：137－138.

［57］李勇．复杂网络理论与应用研究［D］．华南理工大学，2005.

［58］李宗桂．试论中国优秀传统文化的内涵［J］．学术研究，2013（11）：38.

［59］联合国教科文组织．世界文化报告（1988）：文化、创新与市场

[M]. 关世杰译. 北京：北京大学出版社，2000.

[60] 良宣. 良渚文化文明之光 [J]. 杭州（周刊），2018（29）：42－45.

[61] 廖名岩. 基于复杂网络演化博弈协同创新研究 [J]. 湖南社会科学，2018（6）：154－165.

[62] 廖卫民. 新世界主义与对外传播战略——基于“传播与人类命运共同体”穹顶模型的理论思考 [J]. 浙江社会科学，2017（5）：114－120.

[63] 林竹梅. 民宿旅游发展中的民族文化重构路径——基于辽宁省民族地区的民宿调查分析 [J]. 扬州大学学报（人文社会科学版），2018，22（2）：67－73.

[64] 刘斌，王宁远，陈明辉，朱叶菲. 良渚：神王之国 [J]. 中国文化遗产，2017（3）：4－21.

[65] 刘斌. 良渚遗址：实证中华五千年文明史的圣地 [J]. 杭州（周刊），2017（16）：6－9.

[66] 刘斌. 神巫的世界良渚文化综论 [M]. 杭州：浙江摄影出版社，2007.

[67] 刘丹阳. 以文化旅游为导向的遗址保护与利用研究 [D]. 西安建筑科技大学，2014.

[68] 刘军民，李琳. 文化生态圈关联发展视角下史前遗址的保护利用思路 [J]. 东南文化，2018（5）：13－18＋128.

[69] 刘军民，徐晶晶. 大遗址保护利用与区域发展的协同性研究——以西部欠发达地区为例 [J]. 城市问题，2014（12）：51－55.

[70] 刘沐. 新媒体广告形态与发展 [J]. 科技咨询，2010（19）：241－244.

[71] 刘廷阳. 良渚文化玉琮纹饰刍议 [J]. 中国民族博览，2017（2）：224－225.

[72] 卢峰，陈维予. 当代城市文化重构与文化建筑 [J]. 城市建筑，2007（9）：6－8.

[73] 吕越. 新时代与中国传统文化的历久弥新 [J]. 民族艺林，2018，（4）：36－42.

[74] 骆晓红. 记录·展示·传播：博物馆文物数字化的空间维度——以

良渚博物院文物数字化建设为例［J］. 中国文物科学研究，2017（3）：56－60.

［75］马飞．“互联网＋”背景下优秀传统文化传播研究综述［J］. 学周刊，2019（7）：148

［76］马焕兰．新时代条件下传统文化的当代价值［J］. 黄河之声，2018（21）：143＋145.

［77］马捷，韩朝，魏傲希，王丽娟．信息生态视角下社会事件网络传播驱动机制研究［J］. 图书情报工作，2013（15）：56－61.

［78］马琳．文化创意产业与旅游产业融合发展研究［D］. 云南财经大学，2014.

［79］马梦丹，周宁馨．文化自信视域下云南省图书馆非物质文化遗产保护研究［J］. 科技文献信息管理，2018，32（4）：50－55.

［80］马全恩，张娟．复杂网络上基于SIR模型的微信公众号传播机制研究［J］. 情报科学，2018，36（7）：30－35.

［81］毛俊翔．良渚玉器纹饰新解——换一个角度来看良渚玉器上的“神人兽面纹”［J］. 大众文艺：学术版，2016（7）：44－46.

［82］明跃玲．文化重构与民族传统文化的保护——以湘西民族旅游文化为例［J］. 中央民族大学学报（哲学社会科学版），2007（1）：71－76.

［83］莫代山．旅游背景下的文化重构与民族文化意识变迁——以德夯苗寨为例［J］. 黑龙江民族丛刊，2014（6）：143－146.

［84］墨怡．良渚文化国家公园：带你穿越5000年［J］. 杭州（周刊），2017（16）：26－28.

［85］穆东旭．太湖地区崧泽文化中期到良渚文化早期的社会分化与生产分工研究［D］. 山东大学，2017.

［86］倪皓．良渚文化带流阔把壶探析——从形制变化到功能内涵［J］. 中国陶瓷，2018，54（11）：68－76.

［87］齐蔚霞．Web2.0时代新媒体广告价值及在图书宣传领域的应用分析［J］. 出版发行研究，2011（9）：38－40.

［88］齐越．博物馆数字资源的管理与展示［M］. 上海：上海科技出版社，2008.

［89］秦洪伟．东方上古的城建美学——良渚时期图符内涵与建筑文化

研究 [J]. 美术大观，2015 (6)：108 - 109.

[90] 秦岭. 良渚遗址的学术价值和遗产价值 [J]. 中国文化遗产，2017 (3)：4.

[91] 秦岭. 良渚遗址的学术价值和遗产价值 [J]. 中国文化遗产，2017 (3)：29 - 38.

[92] 秦兆祥，张薇. 基于文化传播力视角的内蒙古文化创意产业发展现状审视 [J]. 内蒙古师范大学学报 (哲学社会科学版)，2015，44 (5)：85 - 88 + 96.

[93] 秦兆祥. 内蒙古文化旅游创意产业传播路径研究 [J]. 内蒙古师范大学学报 (哲学社会科学版)，2015，44 (6)：56 - 58.

[94] 卿伦科. 基于多层复杂网络与共演化策略的合作演化的研究 [J]. 现代计算机 (专业版)，2018 (25)：8 - 12.

[95] 权玺. "互联网 +"：构建非物质文化遗产数字化传承的新场景 [J]. 西北民族大学学报 (哲学社会科学版)，2017 (6)：181 - 184.

[96] 任日莹. 良渚博物院，让史前文明走进公众视野 [J]. 杭州 (周刊)，2017 (16)：22 - 25.

[97] 上海博物馆. 广富林：考古发掘与学术研究论集 [M]. 上海古籍出版社，2014.

[98] 尚艳敏. 关天经济区大遗址文化产业空间集聚动因评价 [D]. 西北大学，2016.

[99] 申冰. 文化创意产业传播城市品牌的有效策略探析 [J]. 美与时代 (城市版)，2016 (3)：99 - 100.

[100] 沈杰群. 良渚的发现：民国青年 25 岁推开文明大门 [N]. 中国青年报，2018 - 11 - 08 (4).

[101] 沈旭微. 良渚文化 [M]，浙江：西泠印社出版社，2008.

[102] 史珂. 当前中国传统文化传播存在的问题与对策研究 [D]. 山东师范大学，2018.

[103] 宋明翰. 文化创意产业传播城市品牌的困境与对策 [J]. 青年记者，2014 (32)：15 - 16.

[104] 孙璐. 浅析非物质文化遗产的数字化传承 [J]. 传媒观察，2012 (2)：40 - 41.

[105] 孙笑明，崔文田，林军等．层级网络上的文化传播 [J]. 系统管理学报，2013，22 (1)：17 – 22.

[106] 谭可可．新媒体广告传播形态及表现拓展 [J]. 新闻导刊，2009 (4)：38 – 40.

[107] 谭阳红，张婧，李肖．基于复杂网络理论的电网节点重要度评估 [J/OL]. 计算机工程：1 – 7 [2019 – 01 – 24]. https：//doi. org/10. 19678/j. issn. 1000 – 3428. 0053015.

[108] 唐朝生．在线社交网络信息传播建模及其转发预测研究 [D]. 燕山大学，2014.

[109] 陶蕾韬．论多元文化发展视域下的民族文化重构 [J]. 广东社会科学，2016 (6)：54 – 59.

[110] 田占伟．基于复杂网络的微博信息传播研究 [D]. 哈尔滨工业大学，2012.

[111] 汪小帆，李翔，陈关荣．网络科学导论 [M]. 高等教育出版社，2012.

[112] 王海林．论中国传统文化与社会主义道路的内在契合性——兼论习近平对中国道路的文化阐释 [J]. 西南石油大学学报（社会科学版），2019 (1)：1 – 8.

[113] 王吉尧，苏唱，梁晨．文化遗址及周边地段景观系统初探 [J]. 绿色环保建材，2018 (12)：67 – 68 + 71.

[114] 王赛，刘子龙．基于复杂网络的 SEIA 流行病传播模型最优控制研究 [J]. 软件导刊，2018，17 (11)：194 – 197.

[115] 王生鹏，钟晓焘．全域旅游背景下民族文化重构与保护——以北川羌族自治县为例 [J]. 西北民族大学学报（哲学社会科学版），2018 (4)：171 – 177.

[116] 王爽．互联网与文化生产、推广和消费研究 [D]. 山东大学，2016.

[117] 王潇涵．良渚先民的用水智慧 [J]. 杭州文博，2018 (2)：87 – 89.

[118] 王晓涵，王方君，翟代清．新时代背景下泰山石敢当文化传承与创新研究 [J]. 中国市场，2019 (3)：35 – 37.

[119] 王旭玮．良渚文化玉琮之神人兽面纹饰的演变特征研究［J］．艺术与设计（理论），2017，2（3）：123－125.

[120] 王旭玮．良渚文化玉琮之神人兽面纹饰的演变特征研究［J］．艺术与设计：理论版，2017（3）：123－125.

[121] 王永友，潘昱州．文化自信视域下传统文化重构的“三重”困境［J］．南京社会科学，2017（7）：142－149＋156.

[122] 王永友，潘昱州．文化自信视域下传统文化重构的困境［J］．社会科学文摘，2017（10）：21－23.

[123] 王雨．中华优秀传统文化的时代价值及其传承发展［J］．商丘师范学院学报，2019，35（1）：42－46.

[124] 魏晓莉．新媒体时代传统文化的数字化传播［J］．西部广播电视，2018（16）：7－8.

[125] 吴丹，赵江．基于复杂网络视角的良渚文化动态演变研究［J］．文教资料，2017（29）：59－61.

[126] 吴丹，赵江．新媒体广告在推动良渚文化传播中的作用［J］．艺术科技，2016，29（3）：12－13.

[127] 吴飞．公共传播研究的社会价值与学术意义探析［J］．南京社会科学，2012（5）：102－111.

[128] 吴辉．时髦话题的理性思索：我国新媒体广告研究综述［J］．东南传播，2007（12）：15－18.

[129] 吴蓉，赖伟杰，孟佳娜，左振飞．基于复杂网络的中文微博网络结构研究［J］．计算机时代，2019（1）：33－35＋38.

[130] 吴汝祚，徐吉军．良渚文化兴衰史［M］．北京：社会科学文献出版社，2009.

[131] 吴汪洋．基于复杂网络与 SIRS 模型的金融危机传染研究［D］．湖南大学，2018.

[132] 吴亚娟，权东计，邹辉．汉长安城遗址区产业发展模式探究［J］．安徽农业科学，2014（8）：2397－2400.

[133] 习近平在纪念孔子诞辰 2565 周年国际学术研讨会暨国际儒学联合会第五届会员大会开幕上强调从延续民族文化血脉中开拓前进推进各种文明交流交融互学互鉴［N］．人民日报，2014－9－25（1）.

[134] 习近平在中共中央政治局第十三次集体学习时强调把培育和弘扬社会主义核心价值观作为凝魂聚气强基固本的基础工程 [OL]. [2014-2-25] 央视网 (news. cntv. cn).

[135] 夏玲玲. 复杂网络上的信息传播动力学建模与免疫策略研究 [D]. 南京邮电大学, 2017.

[136] 夏勇. 简析良渚文化刻符玉璧 [J]. 杭州文博, 2018 (2): 53-64.

[137] 熊澄宇, 金兼斌. 新媒体研究前沿 [M]. 北京: 清华大学出版社, 2012.

[138] 徐辉. 新媒体环境下的钧瓷文化数字化传播研究 [J]. 河南科技学院学报, 2017, 37 (3): 98-100.

[139] 徐士进, 陈红京. 数字博物馆概论 [M]. 上海: 上海科学技术出版社, 2006.

[140] 许丽佳, 王厚军, 龙兵. 基于贝叶斯网络的复杂系统故障预测 [J]. 系统工程与电子技术, 2008 (4): 780-784.

[141] 许云杰. 文化创意产业传播路径研究 [D]. 苏州大学, 2013.

[142] 严梦思, 傅正科. 公共空间的重构: 以良渚文化村为个案 [J]. 美育学刊, 2015, 6 (4): 116-120.

[143] 颜澄, 梁雪松. 基于游客体验的文化遗产旅游开发——以良渚文化遗产旅游为例 [J]. 经营与管理, 2011 (10): 104-107.

[144] 阳翼, 万木春. 港澳台广告行业解读与案例赏析 [M]. 广州: 暨南大学出版社, 2007.

[145] 杨法宝. 良渚文化简志 [M]. 浙江: 方志出版社, 2008.

[146] 杨姣. 旅游产业与文化创意产业融合发展的研究 [D]. 浙江工商大学, 2008.

[147] 杨启光. 文化哲学导论 [M]. 广州: 暨南大学出版社, 1999: 108.

[148] 叶晨曦. 古国遗韵良渚文明 [J]. 浙江林业, 2018 (6): 40-41.

[149] 叶玮, 李凤全, 沈叶琴, 朱丽东, 王天阳, 杨立辉. 良渚文化期自然环境变化与人类文明发展的耦合 [J]. 浙江师范大学学报 (自然科学版), 2006 (4): 455-460.

[150] 尤红斌，张杨．信息碎片化时代的微电影广告探析［J］．上海大学学报（社会科学版），2015，32（6）：118－129

[151] 於芮竹，汤锦泉．良渚遗址的守望者们［J］．杭州（周刊），2017（16）：29－33．

[152] 原昕昕．不确定复杂动态网络的自适应同步控制［D］．西安电子科技大学，2018．

[153] 张江凯，魏峻．新石器时代考古［M］．北京：文物出版社，2004．

[154] 张天勇．文化自信的文化生态学审视［J］．阅江学刊，2017，（1）：27－32．

[155] 张伟．基于近邻响应的SEIR网络舆情信息扩散模型研究［J］．信息资源管理学报，2018，8（4）：67－77．

[156] 张晓光．网络拓扑结构与传播动力学分析［D］．中北大学，2014．

[157] 张莹莹．文化自信视域下中华优秀传统文化创造性转化路径研究［D］．广西师范大学，2018．

[158] 赵辉．良渚的国家形态［J］．中国文化遗产，2017（3）：22－28．

[159] 赵慧勤．历史文化遗产数字化传承体系的研究——以北魏历史文化遗产为例［J］．教育与教学研究，2017，31（9）：115－120．

[160] 赵江．基于电商平台的定向广告投放机制与策略［M］．中国财政经济出版社，2018．

[161] 赵垄．大遗址文化产业结构体系构建中的政策支持研究［D］．西北大学，2013．

[162] 赵晔．良渚文明的圣地［M］．杭州：杭州出版社，2013．

[163] 赵晔．良渚：中国早期文明的典范［J］．南方文物，2018（1）：69－76．

[164] 赵晔．良渚墓葬的石钺堆叠现象［J］．杭州文博，2018（2）：30－41．

[165] 赵征．文化创意产业塑造唐山城市形象的传播策略研究［J］．新闻传播，2015（11）：60－61＋63．

[166] 郑云飞．良渚文化时期的社会生业形态与稻作农业［J］．南方文

物，2018（1）：93－101.

［167］中央民族大学学报（哲学社会科学版），2007（1）：71－76.

［168］周锦．“互联网＋”下文化创意产业与艺术传播的互动关系研究［J］．文化产业研究，2017（1）：102－112.

［169］周丽洁．非物质文化遗产与文化重构——以发展旅游背景下的湘西地区为例［J］．求索，2010（4）：113－115.

［170］周膺，吴晶．良渚文化发现者何天行的学术成就和学术品格［J］．浙江社会科学，2018（7）：146－151＋160.

［171］周膺，吴晶．中国5000年文明第一证：良渚文化与良渚古国［M］．浙江大学出版社，2005.

［172］周膺．东方文明的曙光：良渚遗址与良渚文化［M］．北京：五洲传播出版社，2007.

［173］周膺．良渚文化与杭州城市精神［J］．中共杭州市委党校学报，2008（2）：34－39.

［174］朱金坤．神圣与精致：良渚文化玉器研究［M］．杭州：西泠印社出版社，2010.

［175］朱铁军，黄凯．繁昌窑陶瓷文化创意产业培育与发展路径规划［J］．巢湖学院学报，2017，19（5）：85－90.

［176］祝燕菲．新媒体语境下中国少数民族非物质文化遗产的数字化传承研究［J］．大众文艺，2018（23）：2.

［177］Adams，Jansson. Communication Geography：a bridge between disciplines［J］. Communication Theory，2012，（22）：297－318.

［178］Altheide D L. Media logic，social control，and fear［J］. Communication Theory，2013，23（3）：223－238.

［179］Barabasi AL，Albert R. Emergence of scaling in random networks［J］. Science，1999，286：509－512.

［180］Barabasi A L，Albert R，Jeong H. Mean-field theory for scale-free random networks［J］. Physica A：statistical mechanics and its application，1999，272：173－187.

［181］Dredge* D. Development，economy and culture：Cultural heritage tourism planning，Liangzhu，China［J］. Asia Pacific Journal of Tourism Research，

2004, 9 (4): 405 - 422.

[182] Elgazzar, AS. Application of small-world networks to some socio-economic systems [J]. Physica A: Statistical Mechanics and its Application, 2003, 324 (1): 402 - 407.

[183] Falkheimer J, Jansson A. Geographies of Communication: The spatial turn in media studies [C]. Goteborg: Nordicom, 2006: 125 - 138.

[184] Goeldner C R, Ritchie J R B. Tourism: principles, practices, philosophies [M]. Grid pub, 1995.

[185] Heinsalu E, Patriarca M, Leonard J L. The role of bilinguals in language competition [J]. Advances in Complex Systems, 2014, 17 (1).

[186] Hethcote H W, Van den Driessche P. An SIS epidemic model with variable population size and a delay [J]. Journal of mathematical biology, 1995, 34 (2): 177 - 194.

[187] Huang T. Liangzhu-a late Neolithic jade-yielding culture in southeastern coastal China [J]. Antiquity, 1992, 66 (250): 75 - 83.

[188] Krapivsky P L, Redner S, Leyvraz F. Connectivity of growing random networks [J]. Physical Review Letters, 2000, 85 (21): 4629 - 4632.

[189] Li L, Deng Z. Marketing via Micro-film in Chinese Academic Libraries [J]. Libri, 2016, 66 (3): 239 - 250.

[190] Ling Q. The Liangzhuculture [J]. A companion to Chinese archaeology, 2013: 574 - 596.

[191] Moreno Y, Pastor-Satorras R, Vespignani A. Epidemic outbreaks in complex heterogeneous networks [J]. The European Physical Journal B-Condensed Matter and Complex Systems, 2002, 26 (4): 521 - 529.

[192] Pastor-Satorras R, Vespignani A. Epidemic spreading in scale-free networks [J]. Physical review letters, 2001, 86 (14): 3200.

[193] Rosenblatt B, Trippe B, Mooney S. Digital Rights Management: Business andtechnology [M]. M&T Books, 2002.

[194] Sharon Dunwoody. The Evolution of Key Mass Communication Concepts [M]. NY: Hampton Press, 2005: 328 - 351.

[195] Soh H. Measuring Consumer Empathic Response to Advertising Drama

[J]. The Journal of the Korea Contents Association, 2014, 14 (11): 133 - 142.

[196] Tonkiss F. Space, the city and social theory: social relation and urban forms [M]. Cambridge: Polity Press, 2005.

[197] Watts D J, Strogatz S H. Collective dynamics of 'small-world' networks [J]. Nature, 1998, 393 (6684): 440 - 442.

[198] Wei S H I, Chun-mei M A, Cheng Z H U, et al. Analysis of stratigraphy on multi-profiles in the Taihu Lake region and paleoenvironmental events in the Liangzhu culture epoch [J]. 地理研究, 2008, 27 (5): 1129 - 1138.

[199] Wu J, Gao Z, Sun H. Simulation of traffic congestion with SIR model [J]. Modern Physics Letters B, 2004, 18 (30): 1537 - 1542.

[200] Xie J C. A Study of Micro-film Creation: Using the Inspirational Story of a Tomato Farm Micro-film [C] //International Conference on Genetic and Evolutionary Computing. Springer International Publishing, 2016: 80 - 86.

[201] Yu H, Chang Y T. How to influence the brand attitude of the audience by micro-films [J]. Journal of Promotion Management, 2013, 19 (5): 674 - 686.

[202] Zhixin S. The Liangzhu Culture: Its discovery and its jades [J]. Early China, 1993, 18: 1 - 40.

[203] Zhou H, Cai S. Susceptible-infected-recovered-susceptible virus spreading model based on two dimensional sparse lattice [J]. Journal of Life Sciences, 2011, 5 (6): 443 - 446.

后　记

时光荏苒，岁月如梭。本书的写作最早源于十年前首次踏上良渚遗址的土地——美丽洲公园，近距离感受良渚博物院所塑造的千年良渚之美。博物院所陈列的一件件精美玉器、陶器令人目不暇接。而良渚古城所呈现的世界最早的水利系统更是令人无比陶醉，身为中华儿女无不为中华民族的伟大智慧感到由衷自豪。

十年寒暑，冬去春来，本研究团队数次前往良渚博物馆和良渚遗址地考察并实地感受良渚文化，每次欣赏代表良渚文化的相关遗物和遗迹时，无不为新石器时期良渚先民的伟大创造力而感到深深地震撼。迫切希望探寻更多的有关良渚文化的系统知识。十年风雨，笔耕不辍。对良渚文化研究虽无惊世之作，却一直坚守那份对良渚文化的执着和眷恋，两位合作者一起围绕良渚文化有关内容进行孜孜不倦的研究。其中，吴丹老师先后以良渚文化研究为背景获得了浙江理工大学科技与艺术学院课题和浙江省文化厅关于“新媒体广告在良渚文化传播中的作用”项目的成功立项，并以优秀的成绩顺利结题，这为本研究奠定了坚实的项目支撑。

“锦江春色来天地，玉垒浮云变古今”。当前新媒体发生着天翻地覆的变化，从早期的微信、微博到现今流行的抖音、一点资讯等，各种新兴媒体形式层出不穷，而传统文化的文化精髓则保持着内容相对不变的特性。因此，如何在新媒体发展的“变”与传统文化的“不变”之间寻求统一，通过新媒体手段更好地传播传统文化，成为新媒体时代传承和传播传统文化亟待思考的重要问题。本书是两位合作者十年来有关新媒体广告研究、文化传播研究的成果精髓。全书的章节内容大多来自两位合作者所完成的相关良渚文化研究的学术成果积累，部分研究内容已经在国内外著名期刊得以发表。书中第四章关于良渚文化传播的考量内容曾获得人大复印资料全文复印。此外，包括基于复杂网络模型对良渚文化的新媒体传播，良渚文化传承的相关文化生态学研究等都从不同视角对良渚文化的演变和发展历程进行了系统性分析，具有一定的学术价值。

“千古兴亡多少事，不尽长江滚滚流”。位于长江流域的良渚文化渊远流长，距今4000~5300年，跨度超过千年的历史，是新石器时期最具代表性的古老文化，被誉为“人类文明的曙光”，以往针对良渚文化的研究更多地偏向于纯考古学或历史学的研究，但似乎缺了几分现代的气息。而本研究则独辟蹊径，综合运用文化学、传播学、管理学等相关知识，更多地从传播学和生态学交叉视角研究良渚文化新时期的传播方式，特别分析了有关新媒体传播良渚文化的模式和路径。这对党的十九大所提出的“加强文化传承，加快文化传播”奠定有效的理论基础，为践行良渚文化传播提供理论和实践的统一。全书通过文化价值理论并结合复杂网络传播模型，构建了关于良渚文化演变的数学模型，通过文化生态学相关理论构建了新媒体环境下的良渚文化生态模型，并在此基础上提出了如何有效地利用文化传播提升良渚文化的国际影响力和良渚文化创意产业的水平。这与国内外传统研究良渚文化的演变和发展思路有所区别。

“雄关漫道真如铁，而今迈步从头越”，对良渚文化的十年研究历经艰辛，到今天才是收获的日子。本书的写作历经数载，在书籍写作过程中阅读了大量有关良渚文化的相关文献和书籍，也多次亲自去良渚遗址进行实地考察，对当前浙江省进行的良渚文化保护所取得的巨大的成就深感欣慰。因此，希望尽可能地运用有关传播学的最新理论，从多个角度展现新媒体语境下良渚文化传播和传承的最新发展状况。本书在出版过程中得到了浙江省自然科学基金（LY18G020015）、中国博士后基金（No. 2017M621371）的支持，这主要源于如何运用定向广告精准性这一理论模型，并将该模型应用到传播良渚文化这一具体文化实践中。需要强调的是网络定向广告是一种特殊的新媒体广告，利用新媒体定向广告向受众更加精准地传播良渚文化，为定向广告在更宽广的文化传播领域的实际运用奠定了良好的理论基础。本书的有幸付梓离不开浙江理工大学校长陈文新教授，浙江财经大学工商管理学院领导董进才教授、倪文斌教授、王建明教授等的大力支持。此外，本书在修改过程中得益于中国财政经济出版社的编辑不辞辛劳的多番校对，再次一并表示感谢。

在2019年良渚文化申请世界文化遗产的前夕，希望本书的出版对推动良渚文化传播，加强良渚文化遗址的保护和良渚文化传承起到积极的推动作用。

本书结合两位作者历经十载的良渚文化研究生涯而归纳，有所借鉴却也自出机杼，以述为作，一路挑灯写来尚觉顺畅。“十年磨一剑，霜刃未曾试”。但本书完稿之后，却屡屡有不尽如人意之感，所谓“得失寸心知”，竟然不免由此生出几番惶恐。时惟农历腊月，正值腊梅凌寒绽放，“遥知不是雪，唯有暗香来”。情与境移，悄然此意，与心戚戚焉。

吴　丹 赵　江
2019 年 2 月于杭州